Coś jeszcze

STANISŁAW PYSEK PRUSIŃSKI

Copyright © 2019 Literally Literature
All rights reserved.
ISBN-13: 978-1-970090-13-0

Trzeci tom:

Coś jeszcze

Życie naprawdę

Tak naprawdę to nie wiem jak to było
To życie mnie po prostu zaczepiło
Weszło we mnie z jakiegoś powodu
I wymaga dla siebie dowodu.

W gruncie rzeczy to jest nawet przyjemnie
Czuję się genialnie kiedy
Życie to jest we mnie
Daje talent i wiele radości
Do myślenia tęsknoty i miłości.

To nic że czasami się w głowie
Dwoi się i troi
Myśli biegną i czegoś się człowiek boi
Wołaniem o lepsze jutro się podwaja
Nic mi to
Aby do maja.

Bilans balans

Bilans balans wszystko jedno
Wyliczono jedną średnią
Na jednego śmiertelnika
W balansie po jednym bilansie.

I po seansie
Każdy jest zadowolony
Chociaż ma na koncie zero
Lecz w budżecie napisane.

Chociaż masz w balansie przydział
Jesteś bardzo z tego dumny

Coś jeszcze

Balansujesz masz pieniądze
Ale ich nie będziesz widział.

Chcę do miasta

Stop i basta chcę do miasta
Wieś to dziura
Chcę być panem i barmanem
Mieszkać w takim domu szklanym.

Chcę w wakacje się opalać
A na wsi muszę nawalać
Do muzeum iść w sobotę
Na wsi muszę chodzić z kotem.

Chcę do miasta i to już
Życzę sobie powodzenia
Do szybkiego spotkania w mieście
Nareszcie.

Plaga

Oj niedobrze taka plaga
Była żaba nie ma żaby
Bocian uciekł dziś w popłochu
Bo się naćpał z liści grochu.

Został wzięty też pod lupę
Bo zieloną zrobił kupę
Kto pretensje ma do kupy
To nie wina jest bociana
To była marihuana.

Prokurator i więzień

Prokurator przydzielił więźnia
Do trzynastej celi z rana
I przypadkowo przez nieuwagę
Pozostawił gana.

I sytuacja wynikła
Więzień się zastrzelił
Prokurator jak się dowiedział
Sp... się z drabiny
Kogoś powinno się za to ukarać
Kto jest tutaj winny?

Niewidomy i lustro

Skarżył się niewidomy
Źle mu jest i się wstydzi
Posiada ogromne lustra
A w nich się nie widzi.

Nawet jak się uśmiecha
Lub ktoś na niego zerka
A najgorsze jest to że
Nie może grać w berka
I stąd ta rozterka.

Dentysta leczy się sam

A dentysta to nie traci
Bo sobie to on nie płaci
I dobrze zna się na rzeczy
A dlaczego?
Gdy ząb go boli

Coś jeszcze

To on sobie go wyleczy.
Zrobi to uczciwie czysto
I nic go to nie kosztuje
Lecz pomyśleć jak
Po zabiegu tym się czuje.

Mądre pytania rządowe

Niech rząd odpowiada na pytania
A nie tylko rządzi
Premier pomylił drogę
Po prostu zabłądził.

Prezydent spóźnił się na obrady
Bolało go ucho
Nie ujdzie im krętactwo
Problem to nie mały
Odpowiedzi nie było
Pytania zostały.

Prośba głupiego

Prosi dziwny otyły dziadek
Młodego mądrego
Nie mam już siły iść do sklepu
Zanieś mnie dziwnego.

Mądry popatrzył na starca
I pokiwał głową
Nie bądź ty taki mądry
A kto za to zapłaci?
Lepiej idź na piechotę
Przynajmniej nie stracisz.

Kto wynalazł świat?
Świat wynalazł młody Adam
Ja nie twierdzę tylko gadam
Za Adamem poszła Ewa
Ona też często polewa.

Pan Bóg stworzył Niebo i powietrze
Potem powstały drzewa
Cienie i strumienie
A później wystąpiło to kuszenie
A zło samo wlazło w świat
I kusi już od tysięcy lat.

Wojtuś i taty procenty
Wpada Wojtuś do domu
Z progu głośno krzyczy
Mamo mamo na ulicy
Dużo jest policji.

Mama łezki ociera chusteczką z wiśniami
To tak twój tata do domu powrócił na bani
Dziecko myśli na bani to radosna chwila
Nie wiedział że tata wracając autem
Miał cztery i pół promila.

Hrabia i pies
Mróz na dworze i noc głucha
Psina urwał się z łańcucha
Rano Hrabia się dowiedział
Pies do rana w barze siedział.

Jak się ma zachować Hrabia?
Kupi łańcuch psa uwiąże
O tym to dopiero jutro
Bo do baru iść nie zdążę.

Koszula i krawat

Pierwsza koszula a później krawat
A gdy odwrotnie co wtedy będzie
Pierwsza dziewczyna później małżeństwo
Drugi kawaler i narzeczeństwo.

Wpierw zapowiedzi a potem ślub
Huczne wesele ile się da
Pierwszy jest jeden drugi jest dwa
Co ta dziewczyna takiego ma?

Pierwszy jest jeden drugi jest krótki
Nie ma problemu
Choć szumi w głowie
A w piętach mrowie
Takie są skutki żłopania wódki.

Wąż i wystawa

Na wystawie na Rabanie
Kręcą się dorodne panie
Węże pstrągi i pytony
Rozglądają się na strony.

Nagle coś potężnie trzasło
Na ulicę wyszło masło
A na transparencie hasło

Dosyć kłamstwa brzydkiej nuty
Niech nam żyją nowe buty.

Kraj bez nazwy

Tak po prostu coś bez nazwy
Napisane tylko X
Jak dojechać więc do tego kraju
Mapa jest a nazwy nie ma.

Kraj ten nie posiada granic
Taki sobie i normalny
A go wszyscy mają za nic
Co się stanie z takim krajem
Dowiesz się jak zgasisz faję.

Trener i teściowa

Świetny trener w piłkę nożną
Taką to podjął decyzję
Zięć dzisiaj będzie bramkarzem
Teściu stanie w obronie
Teściowa w ataku
Strzał i zięciu płonie.

Wolał przedtem się podpalić
Niż zginąć od piłki w bramce
Pożar może się ugasi
Z piłką spotkać marne szanse.

Koza i ciąża

Koza zaszła z wilkiem w ciążę
Zupełnie przypadkiem

Coś jeszcze

Właśnie tej koszmarnej nocy
Wilk schrupał jej matkę.
Myślę co z takiego związku
Może się urodzić?
To nie jest zwykły mezalians
Bo to może szkodzić.

Ale komu?
O tym w domu.

Piorun i las

Piorun strzelił las się pali
Wszyscy wieją gdzie kto może
Ale co poradzi grzybek
Kto mu uciec dopomoże.

Las się spalił grzyb ususzył
Marian strażak głową ruszył
I pomyślał mądrze chyba
Niezła będzie zupa z grzyba
Dosypiemy troszkę mączki
I skończymy te bolączki.

Granice bogactwa

Forma kłamstwa i prostactwa
To zalety są bogactwa
To są tylko małe wątki
Choć zdarzają się wyjątki.

Że bogacz doszedł do tego
I obdarował biednego

Bogacz skuzy podobieństwo
To coś jakby narzeczeństwo.

Zawdy trzeba być odważnym
Żeby w końcu się dowiedzieć
Kto bogaty i podpadnie
To nie będzie nigdy siedzieć.

Stary i czupryna

Stary krzyczy wniebogłosy
Wczoraj stracił cztery włosy
Zostały mu sto miliony
Bardzo jest zaniepokojony.

Nagle przestał i pomyślał
On nie będzie się wysilał
Cztery włosy na sto lat
Jeszcze przed nim drogi szmat
Koniec smutku i gry w sztuce
Czas pomyśleć o peruce.

Wypadki

Wypadek się może zdarzyć
Każdemu na drodze
Może trzasnąć opona
I pęknąć na podłodze.

Ale żeby się przed tym ustrzec
I nie kusić losu
Więc nie mów nikomu
Unikaj rozgłosu
Bo to jest duży sekret

Coś jeszcze

Nie ruszaj się nie wyjeżdżaj
Zostań w domu i nie skrzecz.

Życie na włosku

Jedni liczą życie na wiosny
Niektórzy na lata
Nagle coś się urywa
To nie koniec świata.

Mechanizm życia jest różnorodny
I skomplikowany
To wszystko jest tak niezwykłe
Jak proste organy.

A więc w prawo i do przodu
Od jednostki do narodu
Od słońca wschodu aż do zachodu
Nie ma przerwy są rezerwy.

Życzenia z okazji

Bardzo mądra to jest rada
Z życzeniami nie przesadzać
Są życzenia złe i dobre
Jedne mają dobry smak
A inne niedobre tak.

Życzyć zawsze tylko szczerze
Przy tym wierzyć że się spełnią
A jak źle to lepiej wcale
Jestem może i nie słaby
We śnie to smoka rozwalę.

Leon żona i welon

To nie on to Leon
Kupił welon to Leon
Miny przy ołtarzu stroi
I wcale się nie boi.

Że żona go nie kocha
A kto to jest on to ona
Teraz jego żona Leona
Została panią.

To ten właśnie on i ona jego żona
Nie ma rozdwojonej jaźni
On Leon i ona żona Leona
Z nim się przyjaźni.

Kielichy

Kielichy powstały
Dawno temu robione w kamieniu
Bo luzem mleka koziego
Pić nie było można
Trzeba dużo siły by dzban unieść w górę
Gliniane dzbany do sufitu
Przywiązywano na sztywno sznurem.

Więc pierwotny człowiek
W jaskini przy wolnej sobocie
Pił wino z takiego dzbanka w locie
Tylko czasem jakaś pierdoła poraniła czoło
Co prawda to nie wszystkim wtedy było tak wesoło.

Coś jeszcze

Uczony kosmonauta

Ukończył prawo doktorat cztery fakultety
Ale zbyt mądry nie był co zdarza się niestety
Zwiedził i poznał kraje aż na krańcach świata
Ale był niezadowolony i strugał wariata
A dlatego że studiował w dalekim kosmosie
I nie jest z tego świata poznasz go po nosie.

Pakować się

Pakować się ale w coś to już są zgrzyty
Bo pakować się w kłopoty
To z reguły zły pożytek
Jak już spadać to z drabiny
A nie z małej tam drabinki
I od razu to na beton
A nie w jakieś puste skrzynki
Wtedy się naprawdę dowiesz
Na miejscu odpowiesz.

Straszenie dziecka

Nie strasz dziecka babą jagą
Bo to głupie nienormalne
Dziecko może bać się i płakać
I kłopoty mieć z nadwagą.

Włącz rezerwy własnych myśli
Niech więc wypchnie takie świństwo
Młode lata głupie psoty
Nie ubolewaj nad sobą
Weź się lepiej do roboty.

Kultura

Pierwsza tura druga tura
I wybory zakończone
Marian został szefem rady
Ze szczęścia aż ma oczy czerwone.

Tak wygrałem mówię wam
Teraz Pan Marian
Proszę słuchać więc nie ziewać
Teraz zagram na tę nutę
A wy tak musicie śpiewać.

Przestać żyć

Przestać żyć to znaczy nie być
Więc najlepiej nie zaczynać
A ktoś mówi z tych mądrali
Co to niby dobroć szerzą
Co pyskują i machlują
Pokazują to w co wierzą.

Że wysiłek twój skazany
Czasem jest na niepowodzenie
Ale wkrótce się poprawi
I może nastąpić olśnienie.

Babcia agent

Nigdzie nie pracowała zakładała maskę
Chodziła przy kijku radar miała w lasce
Udawała niewidomą lecz dobrze widziała
Długo jednak działała wykryto ją nieprędko
Bo babcia chodziła wolno a myślała prędko.

Coś jeszcze

Złodziej i kryminał

Złodziej zamknął się na kłódkę
Poszedł na ten dziwny układ
Najpierw oddał lecz zapomniał
Co więc oddał znowu ukradł.

Co więc ukradł a co oddał
I dlaczego zamknął się na kłódkę
A dlatego bo ten złodziej stracił pamięć
Przez co? A to przez nietrzeźwą wódkę.

Zdarzenie ze słoniem

Będzie dobrze wrzeszczy słoń
Ja go trzymam a ty dzwoń
A na dworze jeszcze ciemno
Kogo trzyma słoń nie widzi
Ale rano się wydało
Teraz mocno słoń się wstydzi.

A stało się z tak błahej przyczyny
To pastor pomylił godziny
On w nocy rozpoczął kolędę
Przyjąłem zaraz tam będę.

Kłamać

Jak już kłamać to z kulturą
Żeby nikt się nie dowiedział
Tak zrobić i tak kłamać
Że ktoś inny będzie siedział.

Stanisław Pysek Prusiński

Siedzieć to nie znaczy że w areszcie
Ale niekiedy to w fotelu
I wysoko na urzędzie
Nie jest sztuką tak okłamać
Ale sztuką jest uwierzyć
W kłamstwo moi szanowni państwo.

Wysłuchaj mnie

Nie powiem ci milczę
To znaczy że jestem tajniakiem
Jestem twoim cieniem
Znam nawyki twoje
Nieraz to naprawdę
O ciebie się boję.

Pamiętaj nie uciekniesz przede mną
I będziesz zgubiony
Jeśli w to nie uwierzysz
To zapytaj się żony.

Odznaczenie

To nie tak powinno być
To jest prawda bez pokrycia
Teraz leżę sobie grzecznie
Tu jest fajnie i bezpiecznie.

Tu nikogo nikt nie ruszy
Ktoś zatrzyma się to wzruszy
Jaka szkoda taki młody
Odszedł chyba miał powody.

Kiedy umarł to dostrzegli

Coś jeszcze

I się raptem wszyscy zbiegli
I przyznali mu ordery
Ale za co do ch...

Cicho siedzę

Jak chcesz coś mieć to cicho siedź
Zapisz się do wszystkich partii
Popieraj wszystkich klaskaj każdemu
Temu dobremu i temu złemu.

Podpisuj wszystkie wielkie umowy
Udzielaj rady na wszystkie strony
Tylko cię proszę nie wciągaj w to żony
Czy za dnia i nigdy w nocy
Bo posmutniejesz i staniesz się obcy.

Przeprosiny

Myśli nasuwają się same
Kto kogo powinien przeprosić
Ewa Adama czy Pana Boga
A może Adam Ewę.

Gdzie to powinno nastąpić?
Czy pod złotym drzewem?

Ale tu praktycznie
To narozrabiał wąż
To pytanie i odpowiedzi
Nie ma na to wciąż.

Studnia i kamień

W pewnej studni leżał duży kamień
I nikomu nie przeszkadzał
Pewnego razu do tej studni
Zajrzał uczony i pomyślał sobie
Wyciągnę ten kamień ze studni
Doświadczenie zrobię.

Lecz pomylił się w badaniach
I nie wyszło cudnie
Bo jak się później okazało
Gdy go wydobyto
To kamień był większy
Bo przerastał studnię.

Los

Los to przeszłość żywa przyszłość
Nagłe zdarzenia i wzloty
Przypisany do każdej istoty
Losu nigdy nie przewidzisz
Zawiera trudności kłopoty.

Nie igrać z losem żyć iść za ciosem
Ramię w ramię i do przodu
Z maleńkości do starości
Ku radości.

Raj

Tak doprawdy i to do końca
Nie wiadomo komu odbiło w raju
Adamowi czy Ewie

Coś jeszcze

Komu to przeszkadzało
Złote jabłko wiszące na drzewie.

Niechby sobie i tam wisiało
Spadłoby kiedyś same
Po co tam jakaś awantura
I kłótnie z szatanem
Przez to nieposłuszeństwo Bogu
Mamy przerąbane.

Przerąbane ma ojciec i matka
Babcia dziadek i wnuki
Przez jedną złotą jabłonkę
I tyle pokuty.

Mądry i głupi sędzia

Sędzią był głupiec
I skazał niewinnego mądrego
Na cztery lata więzienia
I jeszcze do tego pozbawienia
Praw wszelkich swobody i ruchu.

Mądry strasznie się zdziwił
I stanął w bezruchu
Wreszcie przerwał milczenie
I chce coś powiedzieć.

Wtedy odezwał się głupi sędzia
Dziś nie musisz wiedzieć
Za co zapytasz się później
Najpierw pójdziesz siedzieć.

Choroba i maść

Rzekł doktor do chorego
Przepisałem panu maść
Wysmaruj się waść
Stosuj ją trzy razy dziennie
O tym samym czasie.

Doktor nic więcej nie dodał
A co miał na myśli
Po trzech dniach to ci się głuptasie
To już nic nie przyśni.

Ukryto asa

Gra wspaniała pierwsza klasa
Wygranej duże miliony
Ludzie cisną się by wygrać
Każdy bardzo podniecony

Do wygrania wielka kasa
Ale w talii nie ma asa.
Kto schował asa ten ma pieniądze
Ten kogoś robi w dupasa.

Wszędzie był

Podróżował pan po świecie
Odwiedził Australię Argentynę Hawaje
Nawet marzy o księżycu proszę ciebie
I martwi go pewna sprawa
On nigdy nie był w niebie.

Ale jeśli już o niebo chodzi

Coś jeszcze

To wcale nie jest ciekawy
Jakoś ciągle się miga
I odkręca różne sprawy.

A dlaczego ciekawego
Tak do nieba nie ciągnie
Bo to kosztuje wiele kasy I
Lepsze na ziemi darmowe wczasy.

Próżnia

To nie jest najlepsze
Fabryki produkują dym
Powietrze staje się trujące
Niszczymy próżnię to znaczy nic.

Czy nic się nie dzieje bo próżnia jest pusta?
Tak pomyślała kapusta a w środku głąb
Więc zepsute powietrze bierze się skąd?
I nowy jest problem taki.

Nie zgadzają się buraki
Bo głąby stwarzają atomy
Uszkadzając przy tym próżnię
Bywa różnie.

Atrakcje

Sam w okopie na urlopie
Co tu robisz głupi chłopie
Żeby coś takiego zrobić
Na urlopie iść na wojnę.

Stanisław Pysek Prusiński

Taki młody silny zdrowy
Za minutę zginąć możesz
Gdy przeciwnik ci wygarnie
To kto ciebie wtedy przygarnie.

Żołnierz na urlopie w okopie
Dlatego walczy i nadstawia głowę
Bo wierzy w życie pozagrobowe
I wczesną rentę.

Trasa życia

Dużo pieniędzy samochodów kochanek
Stracił przez jeden głupi przystanek
Nikt go nie okradł i nie postrzelił
Nie skrzywdził kijem przez plecy zdzielił.

Zatrzymał nagle pojazd ów panek
W piękny pogodny miły poranek.

Spojrzał do przodu w prawo i w lewo
Pięknym urokiem duszę napawał
I koniec trasy już nie pojechał
Umarł na zawał.

Nie dyskutuj

To już koniec przyszedł goniec
W białej szacie powiadacie
Trzeba zacząć się pakować
Nie ma o czym dyskutować.

Marcin tylko westchnął cicho
Idę w dal a niech to licho.

Gra mi w uszach

To już trudno tak wytrzymać
Czasem trzeba się wyginać
Chociaż deszcz a nieraz susza
Ciągle gra potwornie w uszach.

Myśli idą tak opornie
I poruszam się mozolnie
Lecz muzyka nie przestaje
Tak rzewna aż serce kraje.

Szklanka pękła gnie talerze
Tak mnie wielka żałość bierze
Łzy się cisną na oczęta
Że aż w głowie mocno buczy
A w żołądku dziwnie burczy
I dostaję wstrętnych skurczy.

Nagle stop urwane dźwięki
Już nie mogę podnieść ręki
Co mam teraz o tym myśleć
Tak nie trudno się domyślić.

Luksus

Co nazywamy luksusem
Duży obszerny dom
Piękny samochód duży dochód
Opływanie w materialnym dostatku?

A może tylko
Trochę dobrej woli i samokontroli

Jak masz przyjaciół prawdziwych
Duszę otwartą szczerą bez przymusu
To możesz doświadczyć formy
Prawdziwego luksusu.

Gra w zespole

Taki sobie oto zespół
A w zespole różni tacy
Co to niby cacy cacy
I uczeni i prostacy.

Ale ktoś się i wyróżnia
Przypadkowo sejf opróżnia
Reszta zostaje na goło
Nie wszystkim jest teraz wesoło.

Gra skończona zespół pada
Ktoś tam rzeczy opowiada
O sukcesie czy o stresie
Rozjechali się kolesie.

Układy

Układanka wielu zdarzeń
Mnóstwo planów różnych marzeń
Kłótnie spory jakieś zwady
Rozpadają się układy
W ich miejsce powstają inne
Światowe państwowe rodzinne.

Ale to jest najważniejsze
Latem jesienią zimą czy wiosną
Najzwyklejsze ot tak sobie

Coś jeszcze

Właśnie układanie do snu.

Do snu się układa ziemia
I to widać jak się ściemnia
Mama do snu kładzie dzieci
I czas leci.

Kropelka wodna

Zabrakło zwyczajnej jednej wodnej kropelki
Stąd problem wielki
Tlen z wodorem wzięły rozwód
Tu jest powód.

Zniknęły morza rzeki strumienie
Zostały cienie
Rodzaj nijaki i bałagan wielki
Z powodu jednej wodnej kropelki
I z braku wody znikną lasy
Ludzie zwierzęta kwiaty i motyle
To tyle.

Problem zbója

Zabójca zabił nie chciał się przyznać
Sprawa się toczy przez długie lata
Często sądy się zmieniały
I uniewinniono kata.

Przyszedł oprawca na grób ofiary
Dumnie usiadł sobie tyłem
I powiedział bardzo głośno
Witaj nigdy tu nie byłem
A tak to naprawdę nie wiem

Dlaczego to ciebie i za co zabiłem.

Sprawiedliwość go dosięgła
Będzie siedział stary sknera
Bo na mogile biedaka
Była ukryta kamera.

Dlaczego dinozaury wyginęły?

Dawne czasy
Dinozaury wyginęły
Jak powiało chłodem
I te stare i te młode.

Z powodu zmiany klimatu
Doszło do wielkiego dramatu
Nie zapominać należy
Bo wtedy nie było odzieży.

Nawet najbardziej zahartowany osobnik
Nie wytrzyma boso na tak wielkim mrozie
Ba odmrozi stopy a bez spodni jajeczka
I oto cała bajeczka.

Łysy fryzjer

Całe życie był fryzjerem
Aż tu nagle stracił włosy
I w poniedziałek latem
Łysy fryzjer myśli zatem.

Co pomyśli owłosiony?
Gdy strzygł będzie jego łysy
Co to będzie straci pracę

Coś jeszcze

W lustrze spogląda na glacę
Za młody renty nie dadzą
Cóż może w szpitalu poradzą.

Ortopeda rzecze   drogi
Szkoda tylko twej wymogi
Nie jesteś chory na nogi
Spadaj młody.

A dentysta zamknął buzię
Okulista oczy zrobił duże
Więc się udał do psychiatry
Ten zamilknął długo patrzył
W końcu odrzekł mi to wisi
Raz że głupi to i łysy.

Balladyna i Alina

To sprawa Balladyny
I jej młodszej siostry Aliny
Balladyna to zła siostra niedobra
Zabrała życie młodszej siostrze Alinie w lesie.

Coś tu nie pasuje w tym dramacie
I przykrej opowieści
Lepiej takich spraw nie wiedzieć
Bo można pójść za widzenie siedzieć.

Pewnie to jest historia zmyślona
Powiedziała ona do sąsiadki
Której mąż nie wrócił do domu
Czy ta sprawa wyjdzie na jawy
Chciałbyś wiedzieć stop ciekawy.

Rajd samochodowy

I kolejna jest afera
Pierwsze miejsce zajął skner a
Zdobył medal na Ferrari
Choć samochód był już stary.

Na oponach bez powietrza
Chociaż droga nie była najlepsza
I rzucało nim na wietrze
Ale dzielnie ciął powietrze.

A na rajdach różnie bywa
I nie każdy tam wygrywa
Gościu jechał bez paliwa
Rolnik piekarz i aptekarz.

A w konkursie aptekarskim
Pierwsze miejsce zajął piekarz
Drugie dekarz
Trzecie rolnik a na czwartym
Uplasował się pan dekarz.

Głupia sprawa trochę dziwna
Był to konkurs bardzo rzadki
Bo on odbył się na Wiejskiej
Z okazji dnia Święta Matki.

Ogłoszenie

Przyjmę od zaraz do pracy
Konia obojętnego koloru
Ponieważ nabyłem działkę
I kawałek ugoru od klasztoru.

Coś jeszcze

Obrok za darmo woda za darmo
Opieka niezła i co tam gadać
Warunek tylko jest jeden bo raz w tygodniu
Będzie się konik musiał spowiadać.

Posiadam dobrą uprząż i wózek
Oraz dwa pługi do dyspozycji
Tylko zaznaczam ten koń ma być trzeźwy
Nie notowany też na policji.

I do tej pory nikt się nie zgłosił
Tylko oślica z jednym indykiem
A to dlatego bo nikt dziś nie chce
Mieć do czynienia grać w politykę.

Sobowtór sędziego

Przez podobieństwo sąd skazał siebie
Siedzi więc w pudle i głośno jęczy
Czasem to winny jest autorytet
A więc do rzeczy.

Winny podobny był do sędziego
I to jest sprawa całkiem prawdziwa
Adwokat sprawcy tak to rozwinął
W nocy sędziemu paszporcik zwinął.

Szybko zamienił go na skazańca
Około pierwszej zapada wyrok
Sędzia dołożył aż cztery lata
Ale się nagle bieg rzeczy zmienia
To sędzia musi iść do więzienia.

Bo prokurator sprawdził paszporty
Skuli sędziego chłopcy z eskorty
Widać wyraźnie jest na paszporcie
Buzię sędziego na jego paszporcie.

Winny więc został dziś wypuszczony
A jego sędzia idzie do kicia
Zakończę zatem tę sprawę nudną
Bo o pomyłki w sądzie nie trudno.

Podziały

Podzieleni na uczciwych
Nieuczciwych chorych i zdrowych
Na elity rządzące
I masy pracujące.

Na bogatych i tych biednych
Z kasą i bez kasy
Jedni wiążą koniec z końcem
Innych stać na drogie wczasy
Takie są niestety czasy.

Naprawiać i psuć

Czasem o zawrót głowy może przyprawić
Bo nie wszystko tak da się naprawić
Ale odwrotnie to popsuć można szybko
To tak jak w bajce ze złotą rybką.

Nie da się już nic zrobić
Gdy złota rybka znikła
Czasem coś wszystkie sprawy powikła
Mocno pokićka.

A do popsucia jest sprawa łatwa
A los czasem sobie drwi
Kupić zamek potem drzwi
Więc zastanów się zawczasu.

Ktoś tam kupił drzwi do lasu
Lecz zapomniał kupić zamka
Jeszcze zamka nie wstawili
A już popsuć go zdążyli.

Tak nie można Matko Święta
By w lesie zamykać zwierzęta
Buty można wykoślawić
Ale trudniej nogi naprawić.

Zaproszenie do tańca

Żeby winy nie ponosić
Zło z dobrem trzeba przeprosić
Tylko żeby przeprosić
Musi go do tańca zaprosić.

Dobro podaj złemu rękę
To wynika z chrześcijaństwa
Coś tu jakoś nie pasuje
Nie przystoi proszę państwa.

Podać rękę tak wyrazić
To złem można się zarazić
Zło odpowie rękę potnie
Lecz nie może być odwrotnie.

Zło nie przyjdzie do dobrego

I nie będzie z dobrym tańczyć
To tak jakby z nieba święty
Chciał u diabła dzieci niańczyć.

Kapitan Klusek

Walczył na wielu frontach
Przeżył niejedną mroźną zimę
I gorące lato za marną zapłatą
W końcu wrócił i w nagrodę
Znalazł się we własnym kraju w niewoli.

Sytuacja się zmieniła i to go bardzo boli
Teraz w rodzinnym kraju kapitana Kluska
Wyrokiem śmierci go straszą
Za wolność waszą i naszą.

Nagroda

Ograniczenie wolności
Nie jest karą ale nagrodą
Dla zwykłego zabójcy czy porywacza
Co to w praktyce oznacza.

Cela przejrzysta wygodne łoże
Pościel czysta pożywienie smakowite
Raz w miesiącu dla rozrywki
Można mieć sobie kobietę.

Za darmo można studiować
I wygodnie się resocjalizować
I jeszcze trzeba takiemu zapewnić ochronę
To prawo jest tak pochrzanione
Że aż serce z żalu ściska

Coś jeszcze

I normalnie łzy wyciska
A gość siedzi i się śmieje
Oj niedobrze dobrodzieje.

Idą święta

Nie ma renty
Idą święta
Dziadek w kącie głośno chlipie
Babka kręci się nadęta.

Wkurzona jest również wnuczka
Ogonkiem nie macha suczka
Listonosza ani słychu
Szwagier drapie się po łychu.

Nie ma czym kaca ugasić
Ciotka zaczęła grymasić
Zrobiła się dziwna i psotna
Od lat czterech bezrobotna.

A choinka jeszcze w lesie
Prezenty trzeba kłaść do kosza
I to wcale nie jest dziwne
Wyglądają listonosza.

W końcu przyszedł uśmiechnięty
Chociaż mokry i zmarznięty
Dziadek z babcią wniebowzięci
A suczka ogonkiem kręci
I się święci.

Iskierka

Iskierka nadziei że będzie lepiej
Na ciepłej wygodnej emeryturze
Tylko jest problem i to dość duży
Emerytury teraz nieduże.

Taki robotnik czy chłop na roli
Może przeżyje gdy nic nie boli
Lecz jak mu zdrowie padnie kochanie
To na lekarstwa pewnie nie stanie

A na kościele jak dzwony słychać
Tak trzeba zdychać
Nierówno liczą gdzieś tam na górze
To duże jaja tylko nie kurze.

Rzuć palenie

Szkoda dymu płuc i czasu
Tyle smrodu bez powodu
To że palisz niszczysz zęby
I tak trujesz się za młodu.

Pomyśl stary strząsasz peta
Buzia robi się szarawa
Coraz więcej wpadasz w nałóg
Impreza i popijawa.

A za młodu trzeba wzwodu
Z taką sprawą do lekarza
A przypadkiem złapiesz raka
Szkoda żona młoda taka.

Coś jeszcze

Z biegiem czasu dym osiada
Żona biegnie do sąsiada
Wącha teściu ciocia dzieci
Przypadkowo i ktoś trzeci
Szkodzi też na przyrodzenie
Dobra rada rzuć palenie.

Wydębić fortunę

Czy pieniądze są tak ważne w życiu
Dlaczego są chowane w bankach i w ukryciu?
Każdy się może przekonać gdy ich zabraknie
A z drugiej strony nadmiar pieniędzy
Doprowadzi do krachu i nędzy
Fortuna zdobyta podstępnie
Pęknie i się rozleci czasami
Z bogacza los może uczynić tułacza.

Co to oznacza?
W określonym przedziale czasu
Fortuna jest tylko życia ozdobą
Spróbuj więc coś kosztownego
Zabrać ze sobą
Co się przyda wydębić i przenieść
W inny odmienny świat duchowy
Nie ma mowy.

Bezsilność

Nauka dwoi się i troi
Wynika z tego że czegoś się boi
Tyle to starań i naukowego ambarasu
Sęk w tym że do tej pory nikomu
Nie udało się zatrzymać czasu.

Czas ma swój wymiar jest niezbadany
Jest nieokreślony i nieobliczalny
Ludzkość bezsilnie z czasem się mierzy
Bada przechodzi i kombinuje
Przemyślnie sceny życia buduje
Tożsamość czasu wciąż nieodkryta
Jest niezbadana niesamowita.

Ciesz się

Ciesz się żartuj używaj
Pracuj śpiewaj i pisz wiersze
Hartuj ciało zimną wodą
Idź za modą.

Jest tak wiele do zdobycia
Paś się lecz unikaj tycia
Do złej gry rób dobrą minę
Szanuj siebie i rodzinę
Do kościoła chodź we święta
To cię pastor zapamięta.

Elegancki świat

Z czym kojarzy się elegancki świat
Wystrojem pałacu królewskiego wnętrza
Co elegancki świat tak upiększa?
Wielkie salony błękitne lampiony.

Na ścianach obrazy w złotych ramach
Panowie w jasnych garniturach
I piękne panie w jedwabiach
Na pięknej balowej sali.

A może elegancki świat to zwyczajna przyroda
Ziemia ciągle rozkosznie młoda
Pogrążona w promieniach zachodzącego słońca
A w tle rzeczna zwyczajna woda?

Zmuszony

Zmuszony do przyznania się do winy
Do zbrodni której nie popełnił
A to dlatego że spóźnił się goniec
Z listem od króla
To koniec.

Winny okazał się ktoś inny
Kto ma przeprosić nieżywego?
Król goniec czy kat
Można by to uczynić
Tylko jak?

Kup mi mrowisko

Błagam cię kup mi w prezencie ślubnym
Mrowisko zamiast pszczół i ula
Powiedziała młoda królowa
Do starego króla.

Król bacznie się przyglądał królowej
Aż cztery godziny
Parskał śmiał się i posmutniał
Robił dziwne miny.

W końcu zrozumiał zachciankę królowej
Zrobił straszną minę

I odrzekł   tak myślę czcigodna pani
Rozumiem przyczynę.

Ale nic z tego nie będzie królowo
Mrowiska czy ula ci nie kupię
Mam co innego na głowie
I usnął przy słupie.

A było to po obiedzie
I przy wielkim święcie
Kto zgadnie o jakim król
Myślał prezencie?

Może więc czytający
Co kupić podpowie
A gdy król się obudzi
To wtedy się dowie.

Starał się tak

Chciał dobrze tak bardzo się starał
Przez pychę i chciwość wszystko spaprał
A to dlatego że gościu
Za dużo nie swojej gotówki nabrał.

Uważa się za bohatera łajdak i sknera
Jest z siebie bardzo dumny
Twierdzi że dokonał cudu
A dlatego mu się udało.

A oszukał ludzi nie mało
Teraz powiem panu
Bo walczył z poczciwymi
A słuchał bałwanów.

Przebudzenie pijaka

Przebudził się pijak w nocy
W głowie szumi w buzi pali
Jeszcze cały się kołysze
Trochę buja go na fali.

Naokoło dziwna pustka
Wszyscy gdzieś tam poznikali
Co ma zrobić przebudzony
Iść do żony jaki prezent jej przyniesie.

Opuścili go kolesie
Nikt browaru nie postawi
W kościele pastor też nie da
Duszy diabeł nie zbawi.

Coś go zabolało srodze
Zapomniał że śpi na drodze
I na kacu gość kochany
Został walcem przejechany.

Wieś i miasto

Wioska z miastem się spierała
Ale o co o wygody
Miasto szczyci się czystością
Teatry i ruchome schody.

Liczne parki i pomniki
Wszystko na wzór Ameryki
Odpoczynku dużo godzin
Sklepy kino i szaszłyki.

Na wsi pole trzeba orać
W lecie chodzić na prawdziwki
Tak od pracy się oderwać
Nie ma czasu coś poderwać.

Ciułać kasę na ciągniki
Doić krowy poić byki
A w niedzielę nadgodziny
Nie ma czasu dla rodziny.

Jak pogodzić miasto z wioską
Żeby wszystkim dobrze było
By zapanowała równość
Narzekanie się skończyło.

Trzeba upiec cielca z rożna
A z zacieru będzie można
Zrobić bimber przezroczysty
I zaprosić wszystkich z miasta
Po kielichu na zdrowie i basta
Kto mniej może a kto więcej
Dogadać się i podać sobie ręce.

Demokracja i racja

Weźmy taką demokrację
Kasa jest to mamy rację
Demokracja coś wyraża
Ale czasem aż przeraża.

Kto o fotel się ubiega
To z reguły nie przestrzega
I wymyśla obietnice

Coś jeszcze

A w teorii gołosłowne.

Efekt widać po wyborach
Ludzie wyszli na ulicę
Zapłonęły znicze świece
Pochowali się za piecem
Ciągłe bunty narzekania
I ochota do strzelania.

W imię nowej demokracji
Gdzieś z dalekiej emigracji
Służą znowu radą marną
Oczywiście nie za darmo.

Nie upiekło się
Żeby piekło się upiekło
Jakim sposobem zło pokonać?
Może specjalnie działo sprowadzić
Albo wysadzić piekło od środka.

Piekło domowe wywołał wujek
Ciągle był skory do głupich bójek
I szukał zwady nie było rady
W końcu tak bardzo ciotka się wściekła
Podczas obiadu kotlety piekła.

Wujek jak zawsze udając małpę
I przypadkowo zawadził lampę
Wtedy mu ciotka zrobiła piekło
Parę kotletów się nie dopiekło
Dostał patelnią od prawej strony.

Już cały miesiąc chodzi czerwony

Wyrzekł się kłótni wódki sodomy
Jest jakiś inny uprzejmy słodki
Trzyma się teraz z dala od ciotki.

Zając i kapusta

Skąd się wziął zając w kapuście
Z przypadku czy z konieczności?
A tyle jest trawy na łące
Nic nie myślą te zające.

Nie wiedzą smyki
Że w kapuście natrafią na wnyki
Czy zające to szkodniki?
Odpowiem krótko
Lepiej najeść się kapustą
Niż opijać wódką.

Pędrak

Słowo pędrak bardzo źle wpłynęło na Batona
Tak go kiedyś nazwała żona Posejdona
Ale co miał Baton do gadki drżał milczał za progiem
Posejdon potężny był przecież bogiem.

Pomyślał Baton poskarżę się i dzwoni do Zeusa
Wykręcił trzy jedenastki i ostatnie zero
Ale komputer się pomylił łączy go z Himerą.

A w słuchawce usłyszał   kłamiesz ty ch...
I nie wiadomo gdzieś z ukrycia
W głowę dostał szklanką
Kto by się i domyślał
Że żona Posejdona była Zeusa fanką.

Dobitny polityk

Był politykiem
Rzucał się i smalił
Dorobił się fortuny
I ciągle się chwalił.

Co by tu jeszcze pozmieniać
Kombinował dumał
Lecz czas się zatrzymał
Na pewnym etapie.

Leży spokojnie w bezruchu
Nie wrzeszczy nie sapie
Nawet nie zamruczy
Do nieba by drzwi otworzył
Ba zapomniał kluczy.

Safanduła

Zadzwonił Safanduła kiedyś do urzędu
    Proszę mnie połączyć z prezesem
    A nie z jakąś mendą
W słuchawce usłyszał głosik cienki
    Słucham drogi panie
Wkurzył się Safanduła
A to podli dranie.

I od tej pory dziwnie osobiście się czuje
Bo Safanduła nigdy nie wiedział
Jak drogo on kosztuje.

I pomyślał dodatkowo a to wstrętne szuje

Najpierw to chyba się sprzedaje a potem kupuje.

Kogo boli

Ból to bardzo dziwna sprawa
A to zdrowiu bardzo szkodzi
Wynika z przyczyn niezależnych
Wiadomo o co tu chodzi.

Choćbyś był i nawet królem
Też się musisz liczyć z bólem
Także możesz się doigrać
Spróbuj z takim bólem wygrać.

Jakieś małe bóle w środku
Podczas oddawania kupy
Czy pretensje mieć do siebie
A może do swojej pupy.

Takie bóle to mijają
Jak hałasy z gitar struny
Gdy w portfelu zbraknie many
Nie ma powodu do dumy.

Jak ci los numeros wytnie
Wtedy czujesz ból dobitnie
I smutek na twarzowej glacy
Czujesz się już nie tak cacy.

Wara od babki

Od tego co moje to wara
Rzekła kiedyś baba stara
To materace i moje pole

Coś jeszcze

Mój biznes i wszystko p...

Nie mam czego i żałować
Bez kasy nie chcą mnie pochować
Nie mam czym zapłacić za trumnę
Co mi po tym kiedy umrę.

Baba nie chce się spowiadać
Bo po prawdzie nie ma z czego
Twierdzi że swych grzechów nie zna
Zresztą to nie ona jedna.

Dobry duch opuścił babę
Zachrzęściło cosik w gardle
I zamknęła duże oczy
Nikt jej teraz nie podskoczy.

Więc zwinęli materace
Bo w tych czasach się nie pieprzą
I babunia zawisnęła
Biedna goła i w powietrzu.

Błędne koło

Rzeczywistość jest nijaka
Zgodnie z dawną przepowiednią
A w przyrodzie są dwa koła
A powinno być tylko jedno.

Jedno koło jest okrągłe
Prawdziwe jak kwiat co więdnie
A to drugie to ma nazwę
Kojarzy się jako obłędne.

Czy coś błędne koło znaczy
Kto i o co się założy
Ten co kiedy go to spotka
Zrobi kupę obok płotka.

I tę samą teraz kupę
Włoży do owego środka.
I to jest pojęcie względne
Tak wygląda koło obłędne.

Sam

On z fotografii patrzy się na mnie
I na paszporcie swoim go mam
Ale ja inny jestem od niego
On nie ma tego a ja to mam.

A miesiąc temu gdzieś na granicy
Celnik mnie pyta chociaż mnie widzi
I żąda zdjęcia tego drugiego
Czy on jest ślepy czy mnie się wstydzi?

O co tu chodzi czy jest nas dwóch
Na okolicznym festynie w barze
Czy ja i teraz na tym przyjęciu
Czy ten osobnik co jest na zdjęciu?

Ja jestem real i ruszam wąsem
Popijam piwko i gryzę gruszki
Kogo posadzą gdy ja zawinię
Tego w paszporcie czy mnie do puszki?

Coś jeszcze

Wynika z

Leżenie w wyniku zmęczenia
Przez bieganie i gimnastykę
Na dworze o porannej porze
Wskazane dla rencisty i emeryta.

Nikt tu o wysokość świadczenia nie pyta
A powinien dla rencisty o niskiej rencie
Przysługują cztery pompki na cemencie
A leżenie wynikało z przymusu
I to jest zaliczane do luksusu.

Pozory

Pozory mylą różnie to bywa
Gościu przypadkiem w totka wygrywa
Potężną sumę aż nie do wiary
Z tak dużą kasą jedzie do lasu.

Wpierw na lotnisko i nie tak blisko
Wykopał dołek schował wygraną
Nie minął miesiąc wrócił w to miejsce
Zaduma przykro troszkę niejasno.

Czy gość fortunę kiedyś odzyska
I czy wygraną kiedyś odkopie?
Problem jest taki że te pieniądze
Wygrał w Afryce
Ale zakopał je w Europie
Pomylił lasy takie to czasy.

Nic do picia

Co zrobić gdy się chce bardzo pić
Że aż wprawia w drżenie rąk
W kranach sucho w sklepie mleko
A do studni też daleko?

Modlić płakać kląć czy śpiewać
Wściekać się ziewać czy brykać
Najkorzystniej jest nasikać
A co dalej każdy przyzna
Do niego zależy decyzja.

Ufo

Wpadło Ufo do pokoju
W takim dziwnym głupim stroju
I nuciło tę piosenkę
Na dziwaczne głosy cienkie.

Wraca mama nie ta sama
Zięć się przeląkł zaniemówił
Niespodziewany nagły cios
Aż ze strachu stracił głos.

Zięć odtąd pod stolik się chowa
I bełkocząc coś tam chrzani
A to winna jest teściowa
Ten jej powrót nocny na bani.

Pomylone strony

Wprzód do tyłu w lewo w prawo
Coś takiego nie istnieje

Coś jeszcze

A to tylko jest umowa
O tym co się teraz dzieje
Zawsze decyduje głowa.

Przedni wsteczny i na luzie
Żeby wygląd swój poprawić
To do przodu się wyginać
Bo się w tyle można zgarbić.

Po której stronie

Po tej czy po tamtej stronie być
Komu pomóc z kim się bić
Jak okłamać gdzie się skryć
Co zdobywać być czy nie być.

Fajnie jest udawać wariata
W lipcu być za Mikołaja
Przewidzieć koniec świata
Lub siedzieć na kocich jajach.

Odróżnić konia od bata
Łasić się do obcej żony
A może być zwyczajnie normalnym
Nieważne po której stronie.

Obrażalski

Wiele sobie wyobrażał
Sam na siebie się obrażał
Często mocno się przezywał
I do siebie się nie odzywał.

Czasem nawet dwa tygodnie

W końcu jednak się przeprosił
Na policję na siebie donosił
Wnyk zostawił na sąsiada.

Ale sam się w sidła złapał
A było to w nocnej porze
Miał nadzieję że z księżyca
Ktoś przyfrunie i pomoże.

Wymknęło się

Wymknęło się słowo głupie
Nietypowe taka bzdura
Nagle wszyscy spoważnieli
Co to?
   A gdzie jest kultura?

Bzdura jak się nie obrazić
Jeszcze można się zarazić
Więc niezwłocznie czas ten przerwać
Chmura może się oberwać.

I deszcz lunąć nawet tęgi
A panika tak urosła
Poproszono w prawie osła
By zapobiec najgorszemu.

Osioł stanął na podeście
Dwa lata siedział w areszcie
Ale to dla niego zaszczyt
Doceniono go nareszcie.

Odrzekł krótko   to nie problem
Jak się dowiem to wam powiem.

Śmieszne

Co jest śmieszne i pocieszne
Krzywa wieża kozia bródka
Ciąża z winy krasnoludka
Koń po wódce diabeł w komży
Żona wieloryba w ciąży.

Śmiać się w zimie śnieżny luty
Z radości pogubić buty
Pomylić przy tym zakręty
I przy tym odmrozić pięty.

Śmiać się do siebie na pogrzebie
Nie każdy też chyba umie
Elegancko wystrojony
I to w drogiej własnej trumnie.

Czy śmiech jest łatwiejszy od bania?
Czy należy się buzię zasłaniać
Czy jest jeszcze coś do dodania
Czekamy na państwa pytania.

Samiec i samica

Ale piękna okolica
Piękny samiec i samica
Tego samego rodzaju w maju
Łąka zielona i kwiaty na niej.

Samiec pomyślał wszystkie są dla niej
Dla panny samczej w białym welonie
Jest bardzo z tego rad

Samiec na pomysł niemądry wpadł.
Lecz się zapomniał i zrobił przewał
I wszystkie piękne bukiety zeżarł
I nie zostawił jednego pąka
Co na to łąka?

Mess

Posprzątajcie proszę błagam
Ten okropny tu bałagan
Gołym okiem nawet widać
Nie do wiary chce się rz...

Festyn odbył się w sobotę
Były tańce i rozkosze
W poniedziałek śmieci pełno
I co dziwne puste kosze.

Skłębione stosy pudełek
Butelki podpaski maski
Organizator zaginął
Kto posprząta tak bez łaski?

Tylko jakiś krasnoludek
Z nieprzewidzianych pobudek
Zabłądził na pobojowisko
To wszystko.

Mało i dużo

Wiele mało albo nic
Tylko tyle byle być
Najważniejsze wolnym być

Coś jeszcze

To jest prawda co tu kryć.

Ale wolność jest w niewoli
Dużo tylko się p...
O wolności puste słówka
Wóda kac i odwykówka.

Powtarzane wiele razy
Stopy zakręty zakazy
Połamane drogowskazy
Płoty między narodami.

Różne prawa i poglądy
Najpierw złapać potem sądzić
Ciągłe parcie do wolności
Z prawdą mija się na co dzień.

Chcesz zrozumieć to naprawdę
Więc nie zwlekaj i się ożeń
A ją wcześnie za mąż wydać
Wtedy wolność będzie widać.

Smaki

Smacznego koleżanko kolego
Smacznej kapusty zającu
Wszystkim bez względu na porę
A mnie smacznego na końcu.

Smak efektem jest pokrótce
Gdy przy wódce wcinasz śledzie
To daleko nie zajedziesz
Choć smakujesz nie wiesz jak
Skąd pochodzi zwykły smak.

Jak podzielić to na równo
Spróbuj skosztuj żabie g...
Później połóż się na wznak
Wtedy to zrozumiesz smak.

Bez powietrza

Wolno jedzie nie napieprza
Dlatego że nie ma powietrza
Za fajerą ten u kuruca
Przez otwarte okiennice
Powietrze na płuca wrzuca.

Ale sknera był geniuszem
Bo po to się właśnie urodził
Założył na koła łyżwy
I pieszo nie będzie chodził
Marnował czasu zawczasu
Beztrosko na łyżwach napieprza
I nie potrzebuje powietrza.

Kleić glu

To się dzieje tam i tu
Każdy zna działanie glu
A wiadomo co się dzieje
Gdy glu kapkę się poleje.

Pewna rosła panna Renia
Mogłoby się i wydawać
Tak leniwa była bardzo
Ciężko siadać gorzej wstawać.

Coś jeszcze

Pomyślała kupię glu
Gdy usiądę tam czy tu
To nie będzie musieć wstawać
I kiedyś na swoją zgubę
Pomazała sedes gluem.

I sytuacja się zmienia
Glu nie puszcza wstać chce Renia
A co dalej jak wieść niesie
Przesiedziała na sedesie
Całe Boże Narodzenie
Pomarszczyła przyrodzenie
Ba półdupki ma nierówne
Ale co się stało z g...

W środku

Tak na zewnątrz to był zdrowy
Ale wewnątrz wszystko zgniło
Wiatr nim targał deszcz go moczył
Ale zawsze jakoś było.

Doktor chciał go kiedyś zbadać
Spojrzał w górę szkoda gadać
Pastor mógł go wyspowiadać
Lecz on grzechów nie chciał gadać.

I pojawił się gość w środku
A tym gościem to był drwal
Pod naporem ostrej piły
Pan stuletni dębio padł.

Zarzucać sobie

Coś zarzucić sobie masz
Bywaj zdrowy wasz i nasz
W zależności od wieku wieku i wagi
Do życia potrzeba jeszcze odwagi.

Gdyś jest biedny bez matactwa
Nie zarzucaj sobie bogactwa
Biedakowi nieraz lżej
Ciesz się z tego i to miej
Buty ciasne ale własne.

Pierwsi rodzice tak z ciekawości
Wypadli z raju niby na żarty
Teraz ucztują tańczą do woli
Jeżdżą na wczasy i grają w karty.

Więc co tak sobie kłopot narzucać
Martwić na zapas podrywać kucać
Wstawać o świcie biec na procesję
Wspominać stare tworzyć legendę
Udawać zwykle przebiegłą mendę
Przed każdym klękać niekiedy pękać
Zarzucać sobie i niepotrzebnie
Czas to załatwi kiedy przybiegnie.

Koza i osioł

Koza zamarła z wrażenia
Osioł zmienił się w jelenia
Stał się żywy szybki zwinny
W stu procentach jakiś inny.

Coś jeszcze

Co na osła podziałało
Że ten przybrał postać inną
Może dostał jakieś prochy
Spożył wódkę albo wino.

Trudno teraz poznać osła
Wielka duma w nim urosła
Rogi na półtora metra
Jest odważny nie ma pietra.

Koza beczy drży z wrażenia
Zamiast osła ma jelenia
Może rozwód być niebawem
A to byłoby ciekawe
A po prawdzie tak nawiasem
Po co martwić się przed czasem.

Koń pod pierzyną

Koń to przyjaciel ważny w rodzinach
Podobnie jak piesek czy kotka
Zwykle na łące czasem przy żłobie
I na wyścigach używa sobie.

Jak żyć bez konia jak to wyrazić
I wyobrazić rolnik to może
Koń jest mocarny i zasłużony
I przez godzinę pole zaorze.

Razu pewnego koń na oczy przejrzał
I gospodarza w domu podejrzał
Gdy ten przykryty dużą pierzyną
Smacznie sobie chrapał wspólnie z rodziną.

Stanisław Pysek Prusiński

Więc koń pomyślał jestem rodziną
Mnie przysługuje spać pod pierzyną
A sprawa w sądzie wnet się oparła
I się rodzina konia wyparła.

Sędzia rozmawiał z koniem na migi
Koń wygrał sprawę i ma wyścigi
Chłop konia stracił karę zapłacił
Zrobił się smutny zestarzał z czasem.

Koń na wyścigach zarabia kasę
Śpi pod pierzyną tak się urządził
I stąd jest morał jasny jak słońce
Kto jest mądrzejszy ten będzie rządził.

Wszystko i nic

Teraz jest wszystko
Za godzinę nie będzie tutaj nic
Myślał w teatrze widz
Aleja na planie zwinne tańczące panie.

Diabły kroczące na progu sceny
W dali wyjące hieny
Czuł się potrzebny w tym teatrze
Ale był to tylko widz.

W rzeczywistości nie robił nic
Nie robić nic i być
I tak pomyślał przystojny widz
To co jest tu grane to zwykły pic.

Jak zinterpretować to słowo pic
Wszystko i nic

Coś jeszcze

Niżej podpisany widz.

Zapomniał

Kim był zapomniał kim jest
Nie wie kim będzie w przyszłości
A kto to jest ten Kim?
Rozmawiali wczoraj z nim.

Więc odpowiedział im Kim
Urodził się w Korei
Jego ojciec nie był byle kim
Szefem był o parę lat młodszy
Kim i znał się z nim.

A kim teraz jest pytacie
Nie może powiedzieć
Bo będzie zadyma
Musi zapytać się Kima.

Ale Kima nie ma
Siedzi w areszcie
Zapomniał że w pracy go nie ma
Przez to ta cała ściema.

Czym jest życie?

Czym jest życie któż to powie
Może spaniem biegiem pracą
Ktoś tam wie bo on je przeżył
Twierdzi że żyć trzeba za coś.

A co osiągnąłeś w życiu
Że cię nie stać na banana

Stanisław Pysek Prusiński

Co pan mówisz co to było
Tak nie można żegnam pana.

Można za to w pysk oberwać
Zdarza się i ciążę przerwać
Bywa również i nie zdążyć
Zacząć i za nowym krążyć.

W życiu można się pomylić
I pochylić w inną stronę
Potrącić na łyżwach sąsiada
Wziąć w obroty cudzą żonę.

Komuś w uszy na plotkować
I teściowej nie dogodzić
Może cudze dzieci chować
A swoje przypadkiem spłodzić.

I nie za swoje się upić
Niepoważnie w drugą stronę
Przypadkowo się wygłupić
Zdarza się poparzyć również.

Osiwieć przypadkiem utopić
Zachłysnąć zwyczajnie browarem
Tak go po prostu nie dopić
Zatrwożyć się osobiście.

Kosić siano złamać grabie
Nadepnąć na odcisk babie
Życie podglądać z ukrycia
W zdarzeniach i na przeżyciach.

Cóż więc zrobić żeby być

Coś jeszcze

Po prostu nauczyć się żyć.

Szastał palmą

Szastał palmą znaczy kropił
Mało co go nie utopił
Tyle wody w bali miał
Słono za usługę brał.

Chcesz czy nie chcesz gdy nie mówisz
Jesteś cichy i pokorny
Oni mówią   ty go krop
To był niezły i swój chłop.

Tak go wodą sponiewierał
Z kimś tam gadał o coś się spierał
Ktoś się z boku na płacz zbierał
Tamten z nerwów pozieleniał.

Machnie łapką stówka leci
Bujnie drugą i jest dwieście
Ludzie krzyczą   proszę przestań
Bo fortuna mu naleci.

Takie koszty zwykła woda
I tak dać się sponiewierać
Takiej forsy to i szkoda
Nie opłaci się umierać.

Ten co kropił to zarobił
Bo skropiony nierozumny
Gdy na mnie to trafiło
Bym się wkurzył wyszedł z trumny.

Zabrał gościowi kropaczkę
I przyfasolił w jadaczkę
By się w końcu opamiętał
Tyle za kropienie brać
I nie musieć Boga bać.

Mrówka

Właśnie minęła jej stówka
Wspomniała młoda mrówka
Objechała świata kąty
Walczyła na kilka fronty.

Odznaczana za odwagi
Medalami wielkiej wagi
Emeryturę ma dużą
Wszyscy jej dobrze wróżą.

Krowa zając wilk i koń
A to wszystko spieprzył słoń
Który przez leśną wędrówkę
Niechcący nadepnął mrówkę
Co gorzej zniszczył mrowisko
A wróżka spała ale widziała wszystko
Wiedziała co tam jest grane
Słoń wyjechał gdzieś w nieznane
Wróżka we więzieniu siedzi
Ktoś musi mieć przerąbane.

Malarstwo w balecie

Co tu jeszcze namalować
W czym doszukać się nowych zalet
Malarz głowi się i myśli

Coś jeszcze

W końcu namalował balet.

Wstawił obraz w wielką ramę
I wyjechał z nim na bramę
Wtedy się zaczęło dziać
Płakać a może się śmiać.

Oceniła obraz chłopka
Niezła to malarska szopka
Nogi to i od parady
Ale co tam robi kropka?

Być albo nie być

Być to żyć
Spać jeść i cześć
A nie być to niby nic
Zapomnieć o tym że się jest
Nie chce się być ani jeść
Nie ma mnie to nie powiem cześć.

Wycofano

Wycofano alkohole
A się dzieje ja pindolę
Wszyscy patrzą się na siebie
Nic do szklanki i nic w siebie.

Tata porą wraca szarą
Dziś już nie zabłądzi do baru
Nawet i policjant trzeźwy
A dlaczego płaczą wierzby?

Rozhukany wiatr

Narozrabiało wiatrzysko
Chyba mu coś odbiło
Wyje piszczy i rozpieprza
I pretensję ma do powietrza.

Słońce bacznie się przygląda
Lada chwila i się wkurzy
Trzeba przypiec będzie dziada
Kiedy wianie znów powtórzy.

Ale się na burzę zbiera
Jak już musi niech wybiera
Niech tam sobie spadnie z deszczem
I co jeszcze?

Matoł

Sierżant ruszył na patrole
Będzie węszył bo mu płacą
Ale matoł nierozumny
Nie pojmuje co i za co.

W prawo w lewo krąży prosto
I się udał na zadupie
Na kamieniach jest fontanna
Siedzi robot pije wódkę.

Coś takiego myśli matoł
Lew z kamienia i pić zaczął
Jest decyzja małolata
Aresztował rzeźbę lwiątka
A pod spodem inicjały

Coś jeszcze

Jakiś głupi takiś mały.

Urlop po francusku

Franc na urlop się wybiera
Myje żonę i samochód
Ale problem powstał nagle
W nocy ktoś mu zwinął dochód.

Ktoś podwędził wszystkie franki
Schowane w głębi firanki
Franc pomyślał więc o żonie
A to franca
To robota po jej stronie.

A może Franco się myli
Najlepiej złożyć na kota
Kot usłyszał aż oniemiał
I zamruczał to miernota.

Aż do płaczu go to zmusza
Zobaczył że w dali za oknem
Franca żona się nie rusza
Więc wezwano pogotowie
Gdzie jest forsa kto odpowie?

Tak to Franc postradał zmysły
Urlop i marzenia prysły
Padły jak zboże zżęte
A działo się to w zakładzie zamkniętym.

Dosyć dosyć

Mam już dosyć drze się dosyt

Stanisław Pysek Prusiński

Dość już wstydu się najadłem
Przez te bzdurne przemówienie
To premierowi podpadłem.

Ktoś mi mówił bym się nie bał
A było to wcześnie z rana
W moim lewym biednym oku
Utkwił korek od szampana
I to ja zostałem winny
A szampana pił kto inny.

Dosyt dość już do ostatka
A co na to rzecze babka?
Nie dosyć że wrócił bez oka
To jeszcze gorączka wysoka.

Świeże powietrze

Nie oddychaj brudnym powietrzem
A oddychaj świeżym
Jesteś w stanie spoczynku
To ci się należy.

Zapracowałeś na to wymagaj
Nie daj się agonii
Tym zatrutym powietrzem
Niech oddychają oni.

A świeże powietrze
Teraz to kosztuje drogo
Nie kupisz na procenty
Z nie za wysokiej renty.

Stąd te kwiaty i wieńce

Coś jeszcze

Z buzi starszego pana
Zniknęły rumieńce.

Modnemu lżej

Chcesz być modny musisz chcieć
Nie pracować mało żreć
Uprawiać bieg na przełaje
To nic to tak się wydaje.

A buźka upudrowana
W zębach trzymasz długą faję
Będę z tobą tylko chciej
Bo modnemu zawsze lżej.

Śmiać do siebie

Śmiać do siebie to uciecha
A od siebie to się uśmiechać
Śmiać się czynnie i niewinnie
Do góry na boki i zwinnie.

Psia mać a z czego się w końcu śmiać
Zęby suszyć aż wylecą
Chłopem jesteś a nie babą
Śmiejąc się poruszasz świecą.

Nie śmieją się bo nie muszą
I tracą kontakty z duszą
A wiąże się to z wielką suszą
I złe moce wtedy kuszą.

Narobiło się

Ale się i narobiło
Wulkan się oberwał z szafy
Strażnika wciągnęło w szlaban
Słoń trąbą zrobił bałagan.

Kogut wkurzył się na osła
Krowa na żebraczkę poszła
Psisko grzechy swe wygdakał
A fortepian się rozpłakał.

Wpada sierżant z długą pałą
Co rozróby się zachciało
Zaprowadził rządy swoje
Założył karabin na lufę
I strzelił do miski w zupę.

Więc co miała zrobić babka
Poderwała z wyrka dziadka
Po kryjomu zwiali z kraju
I udali się do raju.

Podpadka gamonia

Podpadł gamoń w polityce
Nie podobał się indyce
Ona obraziła osła
Bo na niego głos podniosła
Że aż stracił własny głos.

I kurzawa się rozniosła
W parlamencie nie chcą osła
Ten w rozpaczy tak na niby

Coś jeszcze

Zakuł się na amen w dyby.

Coś takiego rzecze ryba
Taki gamoń sobie gdyba
Kto za gdyby płacić będzie
Jeszcze siedzi w pierwszym rzędzie
Ale to się nie opłaci
Nic tu nie pomoże chyba
Gamoń gdyba reszta płaci.

Walnie nie walnie

Gna kometa w naszą stronę
Jak nas walnie to skończone
Będzie po nas momentalnie
A może tym razem nie walnie.

Szkoda nas bo idą święta
Co myśli taka kometa walnięta
Pomyliła dżipiesy
Skoro walnąć w nas się śpieszy.

I tym razem się udało
Był to walnięcia początek
Przebiegała obok ziemi
A to był po czwartku piątek.

Tak pomyślała kometa
Odpocznę wybiorę niedzielę
Wtedy ze zdwojoną siłą
Walnę czyli przypierdzielę.

Smok

Głodny był w końcu się przeżarł
Owcę połknął konia zeżarł
I napoczął biedną babkę
Zauważył starą czapkę.

Wtedy spojrzał na kalendarz
To już prawie minął rok
Może go już myli wzrok
Ale z niego to jest ćwok.

Tak nie postępuje smok
Owinięty długą chustą
Przypadkowo zerknął w lustro
I zobaczył brzydkie ciało.

W każdym calu widać wadę
Aż ze złości plunął jadem
Wtem go wzięła ostra czkawka
Proszę sobie wyobrazić.

Dobrze że to smok zabawka
Inaczej mógłby zarazić
Tak nie wolno postępować
Najpierw zeżreć a potem żałować.

Na dobre i na złe

Dobre ze złem nie idzie w parze
Przykładem jest Antoni w barze
Dobrze było nieźle pochlał
Źle mrugał po pysku dostał
Ale za co to on nie wiedział

A później w areszcie siedział.

Tłusty zrzucał kilogramy
Mocno się wysilał sknera
Aż na wadze pokazało
Wskazówka poniżej zera
Na minusie odchudzony
Chodzi dziwnie przestraszony.

Nie zanosi się na dobre
Zwinęli go w prześcieradło
Łzy się cisną mu lotusie
Odchudzony na minusie.

Początek i koniec

Kłócił z końcem się początek
Czy środa jest pierwsza czy piątek
A początek kłócił się z końcem
Posyłali wiadomości
Tym samym i jednym gońcem.

Początkowo koniec znosił
Później krzyczał błagał prosił
Bo jest piątek na początku
A środa zawsze po piątku.

A początek myślał sobie
Co mnie tam obchodzi środa
Jak więc można udowodnić
W którą stronę płynie woda
Gdy posiada obie strony.

Początkowo nie wierzono

Może nawet trochę się bano
A odpowiedź przyniósł goniec
Jest początek będzie koniec.

Życie na poważnie

Kto uczęszczał na nauki
To powinien dobrze wiedzieć
Że nikomu się nie uda
Na stojąco również siedzieć.

Śpiewać jednocześnie milcząc
Ze sobą w palanta grać
Lecieć w kosmos na gitarze
Na poważnie życie brać.

Na poważnie znaczy że
Twarz zastygła żadnej miny
Nie obchodzi nic go teraz
Nie liczą się dni i godziny
I daleko od rodziny.

Słuchając lewego pszczyla
Co kwiatki beztrosko zapyla
Czy posługując kajakiem
Spotkać się w studni z rakiem.

Pomyłki

Pomyłki kosztują dużo
Choćby dla przykładu z różą
Ktoś uzbierał parę groszy
Kupił wiązankę dużą.

Coś jeszcze

Dla żony choć nie był żonaty
Na budynku napisano
Bank Spółdzielczy Prohibicji
Ktoś pomylił się i włamał
Na posterunek policji
I ukradł sierżanta z ganem
Mleko kiełbasę śmietanę
Teraz mają przerąbane.

Koń zamyślił się za Bugiem
I odwrotnie lazł za pługiem
W którą stronę leży skiba
Zdziwiła się gruba ryba.

Zamieszanie w miejskim sklepie
Przywieźli karpia zamiast jesiotra
Nie dość że się z szefem pożarł
To książkę zażaleń podarł.

A sklepową tak zdziwiło
Aż upadła na posadzkę
Leży i się podnieść nie chce
Bo nie musi robi łaskę.

Na budowie

Na budowie majster Szklanka
Robił różne mury z cegły
Pracowity był chłopisko
Rzetelny przezorny przebiegły.

Jeden raz się tylko zmylił
Kosztowało go to wiele
Beton przywieźli na ławy

I to akurat w niedzielę.

Majster mądry nie z łapanki
Nabrał betonu do szklanki
Żeby sprawdzić czy zaprawa mocna
Przekręcił i wypił do dna.

Wtedy go zamurowało
Teraz nad nim świeczka płonie
W szklance na przejrzystym blacie
I bardzo twardym betonie.

Nowy film

Dziś nowy film nakręcono
Pomylili się na planie
Reżyser zarobił w maskę
Aktorka zrobiła laskę
Nie w domu i nie wie komu.

Fuck you otrzymał producent
Operator został zaszczuty
Pies go ugryzł w lewe udo
Zwiewał szybko zgubił buty
Szefowa uciekła z żyrafą
Magistra opluto przypadkiem
Poważnie się ukrył za szafę
Zeżarł nie swoją kanapkę
Przeprasza w słuchawce babkę
Ślepaki zamieniono na ostre
Rąbnęli w aktora siostrę.

Tylko ja jeden szczęście miałem
W porę na lunch się udałem

Coś jeszcze

I się nagrywać nie dałem
Do teraz w piwnicy siedzę
I sytuację śledzę.

Nowe scenariusze

Niestety wspomnieć tu muszę
Chodzi o scenariusze
Do filmu i akcji w teatrze
Chce wyć się jak na to patrzę.

Co drugie słowo to lepsze
Co pierwsze to k... i pieprz się
Fuck tobie fuck mi i fuck Reni
Od wiosny do późnej jesieni.

Nie wspomnieć o groźnym horrorze
Jest zima mróz tęgi na dworze
Można się w strachu rozpłynąć
Narobić pod siebie i zginąć.

Ktoś nagle się znalazł w potrzasku
Aktorka walnęła go laską
Pękła bariera na moście
W normalnym czasie nie w poście.

Rozumiem że nowe są czasy
I każdy na pieniądze jest łasy
A kiedy rozkażą czy trzeba
Fakjować po drodze do nieba?

Dokładność

Sporządził mapę do drogi

Stanisław Pysek Prusiński

Przeczytał donośnym głosem
Schował do torby głęboko
Skoro iść to od zaraz za ciosem.

Pustynię pomylił z rzeką
A do schroniska też daleko
Sęk w tym że pomylił obuwia
Zamiast konia kupił żółwia.

Na pustyni nie ma mostu
Długa i piaszczysta droga
Tam nie spotkasz żywej duszy
Podróżnika słońce praży
A i żółwia ostro suszy.

A na mapie była rzeka
Lecz ją w nocy ktoś zapieprzył
Koniec podróży i klapa
Podróżnik żółwia opieprzył.

Nie wie w którym iść kierunku
Wołanie pomocy ratunku
Bo w odwrotną stronę mapa
To już koniec zwykła klapa.

Szanse

Duże marne i do luftu szanse
Tam tu gdzieś i wszędzie
Nie ma co się bać o jutro
Jakoś to będzie.

Marne szanse miał kolega
Nie wiedział co mu dolega

Coś jeszcze

Zamiast tabletki od bania
Skosztował proszku do prania.

Co z nim dalej jest na fali
Całe płuca ma na świeżo
Trochę głupio bo na półkach
Obok niego inni leżą.

A chłopak zaczepił wielbłąda
Tak przykro jak on teraz wygląda
Stan poważny nieprzyjemnie
Wielbłąd prawy to nie ściemnia.

Szansa szansie jest nierówna
Bierz co dobre nie rusz g...
Bo sprawy nie pójdą w przód
Zostanie ci się jeno smród.

Czas i zegarmistrz

Czas z zegarmistrzem po środku zegar
Czas jest tu ojcem zegar zaś synem
Czas sobie płynie zegar go mierzy
Wnuczek zegarmistrz wskazówki łechce.

Musi naprawić czy chce czy nie chce
Czas go do tego niezwłocznie zmusi
Śrubki przykręci mechanizm ruszy
Siedzi w fotelu i zęby suszy.

Pozmieniało się

Pozmieniało się na świecie
W mieście gminie i w powiecie

Na wsiach wysoka kultura
Na podwórku lepsza fura.

Używają dżipiesa
Nie pośledzisz pekaesa
Pole się samo zaorze
Jest dobrobyt dzięki Boże.

W miastach tylko komputery
W lato lody w zimie flaszka
I kolejek brak do sklepów
Życie płynie niczym fraszka.

Istnieć rady

Istnieć pracować rządzić
Rozkazywać mieszać w zupie
Pilnować własnego biznesu
Drapać się po własnej d...

Między złem a dobrem wybierać
O byle g... się nie spierać
Nieżywemu nie dokuczać
Podczas snu starać się nie kucać.

Znaleźć chociażby jeden błąd
Tylko nie u siebie skąd.

Bum

Bum to jest z odrzutu gość
Czasem tylko skóra kość
Słania się na wszystkie strony
Już od rana jest zmęczony.

Coś jeszcze

Wrzuć grosika buma śpiewka
Nie dasz to ci wiąchę pośle
Nie ukłoni się nikomu
Browar chłepcze po kryjomu.

Bum nie jest powodem do dumy
Przyszłość dziwnie podzielona
Nic go w końcu nie obchodzi
Rodzina znajomi czy żona.

Trudno takiemu zazdrościć
Bum stara się w piątki pościć
Łazi od kąta do kąta
Rozpieprza a nie posprząta.

Sołtyska

Kryśka to się niczego nie bała
W niedzielę sołtyską została
Zapytaliśmy się Krysi
Odrzekła że jej to wisi.

Nie głupia jest ta nasza Kryśka
Bo do wszystkiego ma Byśka
I do roboty go goni
A widać to jak na dłoni.

Bysiek wycycka krowienta
I o obiedzie pamięta
Posprząta co Kryśka zechce
Nigdy od Kryśki nic nie chce.

Jak przypadkowo zachciał

Przez tydzień na ślepki nie patrzał
Na plecach miał gęste przylepce
I od tej pory nic nie chce.

Marzenia

Marzenia dzielą się jak zechcą
Czasami to aż w pięty łechcą
Można je mieć i po sprawie
We śnie jak i również na jawie.

Marzenia o wielkiej przyszłości
Potężne i bezpowrotne
Istnieją również koślawe
Typowo niezręczne odwrotne.

W marzeniach pastorem został
A jednak przyznano złodzieja
Jest lipiec i słońce praży
Na drodze koślawa zawieja.

Zostałeś puszczony kantem
Jesteś zwyczajnym sierżantem
Co straszy ludzi radarem
Marzenie obłudne i stare.

W marzeniach trafiają się złości
I wielkie koszmarne zazdrości
Dziękuję za takie marzenia
I porąbane zdarzenia.

Z szumem

Z szumem wiatru i czerwieni róży

Nie uciekam jestem duży
I odrastam wciąż od ziemi
Spać nie idę choć się ściemni.

Rozgwizdały się syreny
Straż pożarna pogotowie
Będą wodą w górę pryskać
Na odrastające zdrowie.

Nagle się zaczynam dusić
Przyjechali chcą mnie zgasić
Używają mnie na co dzień
Nazywam się Pożar Ogień.

Urojenia konia

Koń po ojcu klacz po matce
Wnuk po wuju dorastające pasierby
Wstrząsające podobieństwa
Koniowi puściły nerwy.

Przepisali nerwosole
Koń sam udał się na pole
Ktoś zwyczajnie w kulki wali
Baba z przodu koń za pługiem
Batem ją po grzbiecie wali.

Koń się wkurzył co się zdarza
Pędem zawrócił do lekarza
Wyjaśniło się sromotnie
Ten mu leki przepisał odwrotnie
Stąd ta udręka klaczy
I co to wszystko ma znaczyć?

Stanisław Pysek Prusiński

Koń zrobiony w konia a jeszcze
Doktor zamknięty w areszcie
Przez taką zwyczajną receptę
Koniowi już żyć się nie chce.

Sabotaże

Sabotaże się zdarzają
We dnie noce i poranki
Ktoś się zemścił i w dzień biały
Zamienił rakiety na sanki.

A jak wystrzelono z działa
Atmosfera się wzdragała
Tylko patrzeć Mikołaja
Ale przykro wojna jaja.

A na czasie teraz modne
Bojowe okręty podwodne
Wieloryby się wkurzyły
I na ląd je wyrzuciły
Ktoś je ukradł i na niby
Wywiózł do lasu na grzyby.

Pułk zajęczy w gotowości
Będzie bronił się przed wilkiem
Szpieg z ukrycia się przyczaił
I mu w tyłek wepchnął szpilkę
By obronić się przed wyżłem
Napuścili wody w rzekę
Rozrobioną z szarym mydłem.

Zauważył to ktoś ze straży
Wilk przepłynąć się odważył

Coś jeszcze

Ale w wodzie się usidlił
W końcu zniknął bo się zmydlił.

Sabotaży bywa wiele
Na górze dole i gdzie popadnie
Ale najgorsze są skutki
Gdy złodziej sam siebie okradnie.

Mizerota

Jak szczapa chudy wąsy stojące
A lekki aż serce ściska
Matka rozpacza ojciec zatacza
Ciotka zawału jest bliska.

Sołtys rozryczał się na urzędzie
Gdy opowieści tej słuchał
Pies jak go dojrzał to zaniemówił
Urwał się nagle z łańcucha.

A stara panna gdzieś od klasztoru
Gdy mizerotę ujrzała
Rozpięła portki u mizeroty
Tam coś ważnego ujrzała.

Pójdź mizeroto na me pokoje
Nic tu po tobie biedaku
Wnet cię nakarmię oraz napoję
Ja ci opiekę dam taką.

I stara panna przez dwa miesiące
Opiekowała się mizerotą
Bo ona czuła w nim taką siłę
I wspominała to to to.

Kanapki z serem surówki z pora
Na obiad gorące flaki
Biedak na zewnątrz wygląd jak przedtem
Lecz w spodniach urósł mu taki.

Satysfakcje

Zwykły dzień szef jechał czołgiem
Widziałem to i mu pomogłem
Bo tlen mu uciekł z opony
A zapasu biedak nie miał
Tak się wkurzył aż zzieleniał.

W locie mu zmieniłem koło
W takt muzyki na wesoło
Stąd ta wielka satysfakcja
Darmowa wódka i kolacja.

Każdy prawo ma dociekać
I mieć z tego satysfakcję
Gdy w powietrze wciąga płuca
Niech na długo nie przerywa
Bo czekają go wakacje
I utraci satysfakcję.

Solidny anioł

Solidny to znaczy fest
W praktyce to różnie z tym jest
A w teorii euforia
Raz podpadka czasem gloria
Lepiej bidniej a solidniej.

Coś jeszcze

Przykład baby i anioła
Może służyć i wywoła
Solidności tej dowody
Anioł ten był już nie młody
Niepozorny niepokorny
I uganiał się za babą
Tęgą gnuśną i pyskatą
Co nie chciała iść do nieba
A to takiej tam było potrzeba.

Po tysiączny i raz który
Obiecał jej złote chmury
I prezenty rzucał z góry
Extra mielone i schabowe
I udziaki wyborowe
Tak ta baba ciągle żarła
Twarda była nie umarła.

Wtedy się wkurzył anioł
Więc w jej łóżku miejsce zajął
Nie trzeba teraz tak wiele
Sypia baba na aniele.

Anioł zhardział jak żyleta
Baba jakaś inna nie ta
On spoważniał olaboga
I nie spieszno mu do Boga.

To sprawiły cycki baby
Znaczy wspólne satysfakcje
A babka rozanielona
I do niebios dołączona
Teraz anioł jej nie kusi
Bo widocznie tak być musi.

Samotność

Gorycz i samotność to bóle
Doświadczają tego króle
Królewny poddani i asy
Nastały dziś takie czasy.

Ciągle brakuje miłości
Już nie zaprasza się gości
Nie wita się na ulicy
Świnia od noża nie kwiczy.

Samotności klęska rośnie
Oczy nieraz stają kołem
Sam przy barze sama w parku
Nie jest to takie wesołe.

Sam zamyka wieko trumny
Ani słówkiem do nikogo
Sam za zdrówko swoje pije
I za swoje groźnie tyje.

Samotności gorzkiej rozpacz
A przyczyna jest nieznana
Więc zapraszam panią pana
Do wierszyków przeczytania.

Bieda

Jak przeciwdziałać zjawiska biedzie
Nikt jej nie prosi sama nadejdzie
Dotknąć to może całą familię
Ojca teściową ciotkę kuzyna

Coś jeszcze

Jakim sposobem biedę zatrzymać?

Zakopać w ziemi utopić w rzece
Wysłać za chmury w przestrzeń zagłębić
A żeby bieda przestała gnębić
Trzeba spróbować biedę przeziębić
A okna zamknąć przykryć deskami
I drzwi frontowe zabić gwoździami.

Gdy chłód od środka biedę przeniknie
Ubezpieczenie lekarstwa drogie
Sukces jest pewny i sama zniknie
Głód jej na drogę.

Został świętym

Ojciec doktór matka doktór
Syn ich wyrósł niczym potwór
Matki ojca się nie słuchał
Wkurzyli go wtedy wybuchał.

Czas przeminął nieugięty
W końcu jednak został świętym
Lecz dopiero kiedy zgasł
Gdy przyszedł właściwy czas
Zwykły czas i przez przypadek
Snuje tę opowieść dziadek.

W szkole pały ciągle dwóje
Trójka trafi się od święta
Biega po korytarzach i pluje
I pani depcze po piętach.

Do trzech trudno mu policzyć

Stanisław Pysek Prusiński

Ciągle się jak kogut bzdyczy
Reklamuje dziwne wiersze
Idź do diabła albo p... się.

Szkoły nie skończył przed czasem
W lat dwadzieścia pierwszą klasę
Dlatego że dobrze się uczył
Przy tym nieźle się utuczył.

Rodzice nie mieli wyboru
Oddali go to klasztoru
A w klasztorze mój ty Boże
Kto da radę kto go zmoże
Przeoryszy skradł pieroga
I ciągle udaje Boga.

Robi różne głupie skecze
Z szatanem walczy na miecze
Typowy głupol padalec
A to wsypie coś do mleka
Z chleba zrobił się zakalec
Tak jest trudny szkoda gadać
Z grzechów się nie chce spowiadać.

W klasztorze jest zamęt wielki
Ojciec już stracił fortunę
Po kątach turlają się butelki
Pomazane ściany farbą
Pogryzione krzesła stołki
Porozdzierane obrazy
Święte rzeźby i aniołki.

Więc klasztor rozpoczął konklawe
W końcu trzeba zamknąć sprawę

Coś jeszcze

Trzeba uciszyć przekręty
Zamknąć go i zrobić świętym.

Chwała cud zdarzył się nareszcie
Przeor zamknął go w piwnicy
Może się ten opamięta
Gdy przegłodzi się pokrzyczy
Ojciec z matką na to przystał
Niech się wyśpi należycie
Może w końcu zrozumie życie.

I tak to teraz wygląda
Przeor też nie bity w ciemię
Ale też nie całkiem zdrowy
Przez amnezję i schizofrenię.

Pod klasztorem wielkie lochy
Samych piwnic może tysiąc
Więc zapomniał przełożony
A na Boga mógłby przysiąc
W której ten zbereźnik siedzi.

W piątek przeor miał widzenie
Było to w Boże Narodzenie
Wtedy przypomniał tę datę
Że zamknął biedaka latem.

Gdy znalazł wreszcie piwnicę
Ujrzał widok nietypowy
Zakonnik leżał na ziemi
Spokojnie jak całkiem nowy
Cały i nienapoczęty
Niczym święty w aureoli
Nie narzekał że go boli

Stanisław Pysek Prusiński

Dobry cichy małoduszny
Nad wszelki wyraz posłuszny.

Samotności to zasługa
I nietypowa obsługa
Zaszły zmiany niepojęte
Więc go można zrobić świętym.

Przypisano mu zasługi
Podziałała ojca kasa
Męczennikiem został syn ich
Wielkim świętym pierwsza klasa.

Męczeństwo z głodu i chłodu
W mig sprawy poszły do przodu
Bez chlebusia i popitki
Ten zakonnik stracił zbytki.

Przeorysza kręci głową
Aż ją na wymioty bierze
    Doigrałeś się frajerze
      Już nie musisz mnie podglądać
      A ja muszę chcę czy nie chcę
      Na obrazie cię oglądać.

Przeor często go wspomina
I zdanie od k... zaczyna
A kończy słowem cudowny
Choć milczący i nierozmowny.

Głód to szalonego brat
Tak opowieść skończył dziadek
I oko puścił do wnuczka na obrazie
Ot tak na wszelki wypadek.

Coś jeszcze

Wnuczek święty i w tym wieku
To dopiero niezła sztuczka
Całkiem sytuację zmienia
Do świętości z przedawnienia.

Sfrustrowany pacjent

Musi pana ktoś przebadać
Jakiś inny lekarz z hrabstwa
Choroba jest nietypowa
I nie ma na to lekarstwa.

Myśli pacjent co za lekarz
On się nie zna na robocie
Ale ja wiem od początku
Bo znam się na swojej głupocie.

Nietypowe uzębienie

Zjawisko niespotykane nowe
Wszystkie zęby ma trzonowe
I te z przodu i te z tyłu
Nie wygląda to tak miło.

Jak uśmiechać się trzonowo
Tak przymilić się po ślubie
Pocałować pannę młodą
I wykrztusić   tak cię lubię.

Więc najlepiej w nocnej porze
Wziąć udział w zwykłym horrorze
Pogryźć wilka czy pytona
Powiedziała nawiedzona.

Bolączka

Bolączka to nie choroba
To się nawet nie określa
I się chyba nie uściśli
Coś nieśli a nie donieśli.

Bolączkowato to dziwne nijako
Na to recepty nie ma
To taka odmiana zdrapki
Miewają ją stare babki
I renciści z braku kasy
Białe końce takie czasy.

Tak wypadło

Wypadło chociaż nie musiało wypaść
Przypadło choć nie musiało przypaść
Skończyło a nie musiało się tak skończyć.

Komuś innemu się trafiła
Nie mnie wylosowana w totka szóstka
Los utracony została pustka
I grosiki wyrzucone w błoto
Nie chodzą nigdy piechotą.

Dobrze że jest jeszcze czas
I nadzieja na następny raz
Tak źle nie wypadnie
Pewnie przyda się nowa szóstka.

Została trafiona w nocy
Ba cyferek na losie nie widać

Coś jeszcze

Nie sprawdził się sen w noc czarną
Niewidomy zapłakał wszystko na darmo.

Przymilanie

Przymilić się głowę pokłonić
Pochwalić i nagle przywalić
I cisza na planie
Tak działają dranie.

Szpiedzy terroryści wandale
Nietypowi psychopaci nieżonaci panny stare
Gitarzyści i panowie w kapeluszach
To nie jest w porządku a tak od początku.

Przymilać się dawać prezenty
Nietypowo śmiesznie się uśmiechać
Głęboko wzdychając czasu nie tracić
Powinno nas na to stać
Ze względu na człowieczą postać z jedną uwagą
Nie szarżować nadmierną odwagą.

Przymilać się do konia
Lecz w porę przerwać
Bo można z kopyta oberwać
I ślady za sobą zatrzeć
I nigdy na siebie nie popatrzeć
Niewygoda szkoda.

Alternatywa

Przyznam się z góry
Nie wiem co to jest alternatywa
Prosta linia czy też krzywa

Stanisław Pysek Prusiński

Czy to przybywa czy ubywa?

Do czego służy?
Czy to jest obiekt mały czy duży
Albo wesoły czy humory miewa
Rzetelny czy wszystko olewa?

Jeszcze z rana wiedziałem
Ale zjadłem coś kwaśnego
W buzi zrobiło się słodko i dziwnie
Nietypowo znaczy nie bardzo pozytywnie.

Producent pomylił ocet z cukrem
I poczęstowano mnie lukrem
I minę mam głupią po tym
Nic nie wiem i wiedział nie będę
A wiedziałem o tym.

To chyba przez to że dzisiaj wieczorem
Zaspałem i czuję się tak nieswojo
Pogubić się przez taki zwykły kwas
Nic z tego nie będzie
Kończę do widzenia już czas.

Akordeon

Akordeon przestał grać
Grajek zląkł się aż przeraził
Za wesele kasę wziąć
Mogą grajka za to skląć.

Co ma czynić przy tej zgrai
Co chce tańczyć przy muzyce
Na zapijaczone mordy

Coś jeszcze

Działają głośne akordy.

Grajek błaga   grajże chłopie
Prosi akordeon Leon
Zapomniał że na urlopie
Nie jest on lecz akordeon.

Wtem trzask głośny ciszę przerwał
Akordeon na pół się rozerwał
Teraz gra w obydwie strony
Ktoś tu jest zadowolony
Leon może akordeon
Albo zgraja ale jaja.

Pies policjanta

Wszystko przegrał i ambicję
Sam się udał na policję
Skargę na nikogo złożył
Ba na schodach się położył.

Pan komendant rano zdębiał
Jak na schodach go omijał
Kudły mocno roztrzepane
Co ten gościu nawywijał?

W końcu dostrzegł kto to jest
Toż to jego własny pies
Zamurowało go tak że zamilkł
I to taki numer kręci?
Własny jamnik bez ambicji
Na policji.

Kara boska

Kara boska ale za co
Czy może za takie coś płacą
Jak jeszcze zyskać za karę
Skarżyły się oczy stare.

Oczy skośne rzekły   dziadku
  Ty się chylisz do upadku
Kara boska to za spanie
Płakanie i za lenistwo
Kartofle w cętki obrane
Gderanie nad samym ranem
Nierzadko i kłótnie z babką
Za pierdzenie w pustą ławkę
I za czkawkę.

Burta

Wynikł taki problem kurde
Wieloryb wypadł za burtę
I nawet kawy nie dopił
Omal że się nie utopił.

A niedzielne kurcze młode
Właśnie wyszło zbadać wodę
Wyciągnęło go na brzeg
Okazało się że to szpieg.

Teraz to wieloryb gdyba
Będzie siedział może chyba
Dziwne nim targają skurcze
O kurcze.

Zostać świętym i kiedy

Zostać świętym to nie problem
Pomyślę to zaraz powiem
Trzeba milczeć i nie bluźnić
Wszystkim się od wszystkich różnić.

Robić miny ciekawostne
Jeść potrawy tylko postne
Nie nagrywać się na taśmie
Właśnie.

Jeden przegiął się i zaraz
Jedną nogą w niebie się znalazł
Rdzenia kawałek ułamał
Nie przyznał się i chyba skłamał.

A stało się to na zwykłej taśmie
Jak go boli to nie zaśnie
I nie umrze na boląco
Na siedząco czy leżąco.

Gorycz widać na obrazie
Już nie cierpi w każdym razie
Stracił wszelkie objawy biedy
Został świętym właśnie wtedy.

Bimba

Bimbać szaleć bić rekordy
Wyskoczyć jak diabełek z pudełka
Albo wyć jak wilki w lesie
Echo jest to niech niesie.

Bimbać długo i namiętnie
A ci co słuchają niechętnie
Niech wkładają w uszy kule
To ominą ich te bóle.

Bimbolenie to charakter
Nie wymaga żadnych manier
Pobimbolisz jest ci lżej
Tylko przyłóż się i chciej.

Zabimbolisz coś już z rana
O siódmej przyszli po pana
Ten obraził pastorałkę
Zapomniał się zaliczył zwałkę.

Płacze w sądzie podskakuje
Sześćset razy się podnosił
Już całe miasto przeprosił
Ojca matkę nieżyjącą
Nawet niebo i piekło
Po to by mu się upiekło.

Niestety schody podziemia i winda
W samotności będzie bimbał.

Zieleń i jeleń

Jeleń tak ukochał zieleń
To był nietypowy lejeń
Drżał na widok smukłej trawy
Tak doprawdy był ciekawy.

A w zieleni się zieleni
W lato ale nigdy w zimie

Coś jeszcze

Jeleń w zieleń wciąż się w lato
Do późnej jesieni drzymie.

Przyszła zima jak się zbudził
Bardzo zimno się wystudził
Takie rzeczy któż to powie
Sowa wzywa pogotowie.

Nie pomogli ratownicy
Zbędnie ratowali duszę
Elektrowstrząsy zbytecznie
Przemarzł jeleń ostatecznie.

I opuścił jeleń trawę
Zrobił się lodowym strąkiem
Kogo winić w tym przypadku
Sen jelenia czy może łąkę?

Zawiedziona czarownica

Czarownica się zawiodła
Wczoraj krowa ją ubodła
A to było niedaleko
Krowa u niej powróżyła
Za trzy dni straciła mleko.

A w tygodniu ją rozdęło
I naraz trzy cycki wcięło
A do spłaty sześć pożyczek
Nie podoła jeden cycek.

Krowa z powrotem wróciła
Z wielkim sierpem dużym młotem
I się z wróżką rozliczyła

Nie pamięta tego potem
Służba nie drużba
Krowa nie wół
Wina na pół.

Komentarze duszy

Komentuje dusza młoda
Bo tak niewiele doznała
Całe życie w jednym ciele
Niby dużo i niewiele.

Młode ciało jest niedobre
Ciągle psoci rżnie na kołdrę
Uczyć je plamy wywabiać
Kombinować i naprawiać.

Bo wypadek przez przypadek
Duszyczka do ognia trafia
Tutaj oferują zło
Do niej jednak to wcale nie trafia.

Sprawa jest skomplikowana
Duszyczka jest taka rozgrzana
Ciało zgubiło tę duszę
Proszę przestać bo się wzruszę.

Chłop i zając

Świt się zaczął wczesna pora
Chłop się wybrał w pole orać
Szkoda dał się trochę nabrać
Bo zapomniał konia zabrać.

Coś jeszcze

Roztrzęsiony wieśniak duma
Pole jest a konia nie ma
Jak tu związać koniec z końcem
Więc poradził się z zającem.

Zając się nie myśli zgodzić
W pługu trzeba się nachodzić
A on tylko skakać umie
Cóż chłop tego nie rozumie.

Słońce rano wcześnie wstaje
Pachnie cudnie środek lata
Chłop śpi smacznie nie na niby
A we śnie przewraca skiby.

Pan zając założył cylinder
Sam wypija chłopu bimber
Bardzo szybko nie pomału
Nie doczekał się morału
Padł przed czasem pod tym lasem.

Obrażalski

Chleb masło i wódka droga
Więc obraził się na Boga
W noc ponurą i czarną
Chciałby żreć ale za darmo.

Z głodu umrzeć nie wypada
Kogo tu jeszcze przygadać
Trochę głupio prosić konia
Czy za wilkiem się uganiać.

Więc się bestia dziwnie czuje

Skręca i wyciąga szyje
Robi dziwne ruchy skoki
Rozglądając się na boki.

Hej zmyślaku coś ty zrobił
W coś ty gościu węża wrobił
To podobne do człowieka
Dlatego drapieżnik się wścieka.

Szaleństwa

Szalał szalał w końcu zmalał
Wszystko wokół porozwalał
Skutki były bezpowrotne
Tak nastały dni sromotne.

Reperował zbijał mędził
Niestety nie stać go na nowe
A szkoda że nie pomyślał
Że musi zadbać o głowę.

W końcu wypełnił umowę
I jak zwykle na początek
Zimną wodą umył nogi
A na głowę wylał wrzątek.

I przekonało go bezpowrotnie
Że lepiej by było odwrotnie
A zajął się teraz reklamą
I zrobił dokładnie to samo.

A na rencie

W głowie szumi mleko chude

Coś jeszcze

Świeczki nie idzie zapalić
A co dopiero zdmuchnąć
I nie ma się czym pochwalić.

Dni przybywa bez pojęcia
Poszerzenia i pęknięcia
Zwiędnięte leżą kwiaty
Od wypłaty do wypłaty.

W ostatnią środę co łaska
Wystarczy na sól i kartofle
Na aspirynę zabrakło
Oszczędzasz na gaz i światło.

Tak to trafiło rencistę
Zęby bolą w głowie brzęczy
Wszystko może się przydarzyć
Wolno tylko o czym marzyć?
Właśnie o czym w takim wieku
Opamiętaj się człowieku.

Zmieniony

Zmieniony nie do poznania
Stary on a przy nim Łania
Młoda lat ma osiemnaście
Smukła zwinna da się w maśle.

Właśnie to teraz mu wystarcza
Na pięknisię stać i starca
Jak na koncie ma talary
Może być brzydki i stary.

Stary zwija się jak umie

Choć wszystkiego nie rozumie
Ale się doczekał łaski
Chociaż nie używa laski.

Droga do ?

On się bardzo często topił
Tylko wtenczas gdy nie dopił
A jak dopił to zachrypiał
Przeważnie to z tym usypiał.

Głuchy był na jedno ucho
Nawet kiedy był i młody
Kąpał się trzy dni bez przerwy
W rzece i bez ciekłej wody.

Lubił bardzo leśne steczki
Udawał się na długie wycieczki
Co mogło z tego wyniknąć
Udał się kiedyś do ?

I stało się raz nie wrócił
Po drodze napotkał mrowisko
To wszystko ukończona droga
Olaboga!

Zmokłe ryby

Deszcz o szyby głośno bębnił
W akwarium wystraszył ryby
Co więc zrobić z takim deszczem
Ryby z wody zwieją jeszcze.

Pan wieloryb zrobił minę

Coś jeszcze

Któż poniesie zatem winę
A dlaczego ryby mokną
Wszystkiemu winne jest okno.

Wpadł na pomysł przenieść okno
Po co ryby mają moknąć
Albo lepiej przenieść ścianę
By zasłonić ścianą okno.

Prosta sprawa oczywista
Wykonać zgadza się szyba
Możecie mnie nawet potłuc
I tak wam ryby zamokną.

Kicia

To jest kicia nie do życia
Prycha skwierczy miauczy drapie
Biega tam i z powrotem
Robi krechy na kanapie.

Co tu zrobić z takim kotem?
Jak z taką kicią poradzić
A gdyby tak na słonia wsadzić
Najlepiej to zamknąć do klatki
Albo niech zbiera manatki.

Zwariowana błędna cicia
Z taką kicią smutne życia
Małe szanse z tego bycia
Nadaje się tylko do kicia.

Ogłoszono w internecie
Ktoś kicię może przygarnie

Do tej pory nikt się zgłosił
Nikogo nie stać na gest
Tak to już jest.

Alkohole i benzyna

Alkohole są na modzie
A benzyna jest na chodzie
Mają również wspólne cechy
Czynią impet i pociechy.

Po spożyciu alkoholu
Nieraz mocno główka boli
I głupoty się p...
Można znaleźć się w kapuście
Po odpuście.

A benzyna rządzi gazem
I na dachu leżysz brachu
Zamiast wódki pił benzynę
Przekroczył barierę dźwięku
Stracił wzrok słuch i poglądy
Chociaż nie było procentów.

A niech pije każdy kto chce i co zechce
Za swoje niech go tam łechce
Za nasze i wasze zdrowie
Krótka piłka po rozmowie.

Wojna o g...

Wojna walce jest nierówna
Nieważne jak się na to patrzy
Nie wiadomo o co chodzi

Coś jeszcze

Grunt że o coś się w tym walczy.

Na równinie zwykle równo
Pokłócili się o g...
Bo podobno było złote
Ściągnęli czołgi i piechotę.

Z drugiej strony przeciwnicy
Karabiny i odrzutowce
W hełmach konno i w przyłbicy
Po jednym naboju na łowcę.

Z tyłu ciężka artyleria
W górze krążą samoloty
A u d... mają bomby
Wtem zagrały głośne trąby.

Bój rozpoczął się na równo
I obie strony się starły
Rezultatem tylko trupy
Wystawione w górę d...

Gdy pod sufitem jest nierówno
To wtedy się walczy się o g...
Mózg zniewolić siły stracić
I jeszcze życiem przypłacić
Niech się g... z g... bije
A deszcz spadnie g... zmyje.

Zamroczenie

Coś zamoczyć spaść z huśtawki
Zboczyć z drogi zwichnąć piętę
Wykorzystać drogi umysł

Zająć się młodym jagnięciem.

Nieunikniona powinność
Skąpstwo buta i niewinność
Podjarała się papuga
A jastrząb wariata struga.

Wszystko to to było w filmie
Oglądała ona dzisiaj
Gryzła twarde orzeszyska
Do serce tuliła miśka.

Publiczności nie widziała
Bo siedziała w pierwszym rzędzie
Lecz o jednym nie wiedziała
Że jej koniec się odbędzie.

Zamroczona z kina wyszła
Poślizgnęła się na schodach
Raźna babka choć po przejściach
Dzisiaj i w dzień wyjątkowy
Ukończyła lat sto dwadzieścia
Przez taką zwyczajną czkawkę
Pożegnaliśmy babkę.

Strajk krowi

Wioską wstrząsnął szum pomroczny
Wiem byłem świadkiem naocznym
W wiosce nagle wszystkie krowy
Ogłosiły strajk głodowy.

Stare krowy i cielice
Młode i te święte dojne

Coś jeszcze

Pół cielęta kształtne byśki
Wszyscy na plac wiejski przyszli.

Zgiełk się zrobił wrzawa huczy
Sołtys aż pod siebie narobił
Sołtysówna wpadła w gniewki
Tutaj to już nie przelewki.

To jest strajk ogólnopolski
Co więc dalej któż przewidzi
To już chyba koniec świata
Wtem głos zabrał Bolka tata
Rzekł on a może by tak poczekać do lata.

Na te słowa
Koń uderzył się bez bata
Kotem o chlewek rzuciło
I zrobiło się niemiło.

Nagle się odezwał osioł
Z wielką głową niczym kocioł
Chociaż nikt go o to nie prosił
      Dość już mamy takich śpiewek.

      Właśnie zmierza się ku wiośnie
      Trzeba nie wątpić a wierzyć
      Kiedy trawka nam odrośnie
      Będziemy zajadać i leżeć.

Czy rację miał osioł czy Bolka tata?
Musimy poczekać do lata.

Tatiana i komputer

Szalała Tatia na komputerze
W dzień i w nocy aż litość bierze
Niewiele spała i jadła mało
Aż ją bolało.

Tatiano droga córko mamusi
Wyrzuć ten program
Nie bierz do buzi dyska
Bo utknie gdzieś w twoim gardle
I umrzesz nagle.

Programowała Tatiana wiele
Przez cały tydzień nawet w niedzielę
I nie słuchając taty i mamy
Wdrażała ciągle nowe programy.

Wtem coś się stało przebrzydły wirus
Skąd nie wiadomo przed panną wyrósł
Ogarnął Tatię i wciągnął w matnię
Program nie zdążył Tatiana w ciąży
Wirus wojskowy młodszy chorąży.

Stracił zęby

Zęby stracić przez dentystę
To takie nie bardzo przejrzyste
Być może przez siły nieczyste
Albo przez spojrzenia mgliste.

Przypadkiem dentysta szalony
Wyrwał zęby z drugiej strony
Więc to się musiało wydać

Coś jeszcze

Bo z przodu to zęby widać.

Jan bez zębów z przodu i z tyłu
Opowiada jak to było
Wygląda to na zwykły fortel
Dentysta wsadził mnie na fotel.

Ale nie od przodu byłem
Odwrócony byłem tyłem
Jestem pewny to ja byłem
Tylko gdy się obudziłem.

To siedziałem wtedy z przodu
Miejscami się zamieniłem
Dlaczego z jakiego powodu?
Nie pamiętam jak to było
Straciłem z przodu i z tyłu zęby
Zapytaj się gęby.

Sędzia bada sytuację
On ma przyznać temu rację
Kto tu stracił i zapłacił
A co tam było to było
Sędzia wydał wyrok
Do tyłu ze wsteczną datą
Co pacjent na to?
Sprawy nie było.

Miało i nie miało

Miało nadejść nie nadeszło
Przyjść ale nie przyszło
Zbliżyć się nie zbliżyło
Miało być ale nie było.

Co miało nadejść nadejdzie
Co miało przejść przejdzie
Co miało być to będzie
Miało się zbliżyć nie zbliży.

Podpisano
   Aleksander Hyży.

Teatr bez widza

Widze przyszli do teatru
Szkoda tylko sami widzę
Nie pojawił się żaden aktor
Rozglądam się nikogo nie widzę.

Przedstawienie się zaczęło
Oklaski słychać nie widać
Oni wszyscy krzyczą   ściema
Na scenie nikogo nie ma.

Przedstawienie długo trwało
Na scenie nic się nie działo
Tylko widzów wielka zgraja
Spektakl pod tytułem *jaja*.

Zdjęcie z kurą

Z kurą zdjęcie to przegięcie
Jak wyrwana cegła z muru
Przechodzi to ludzkie pojęcie
A kosztuje dwieście z górą.

Kurę widać napuszoną

Coś jeszcze

Lecz obok nie widać mrówki
Świadczy to o słabej kulturze
I zaniku uprzejmówki.

A poniekąd to wymówka
Kurę widać gdzie jest mrówka
Zauważysz w oka mgnieniu
Mrówkę ukrytą w grzebieniu.

Mrówka krzywi się zawzięcie
Coś takiego to przegięcie
Fotografik przygrał w ciemno
Ukrył mrówkę nieprzyjemno.

Kelner się w rozmowę wcina
Jak to było gdzie przyczyna
Może zamiast owej mrówki
Wstawić słonia albo świnię
Albo to co się nawinie.

Kto jest kto?

A kto jest na cudze łasy
To się swoim nie utuczy
Gdy się jest nie bardzo mądrym
Jak kogo rozumu nauczyć?

Zwierzchnik słudze nogi myje
Bo uważa to za lepsze
Jeden lubi wódkę z cukru
Ktoś uwielbia lody z pieprzem.

Pies swoją własną budę sprzedał
Za ostatnie zimne piwko

Teraz siedzi dmucha w łapy
Patrzy w przyszłość naprzeciwko.

Szkoda d... do kopania
Do kopania szpadel służy
Piorun schował się do lasu
Bo się strasznie boi burzy.

Spuchła buźka od gderania
Babka w ucho ciapła dziadka
Żaba na bociana wściekła
Ledwo spod dziobu uciekła.

Puścił oko w obcą stronę
Tak podkurzył żonę starą
Wnet zrobiło mu się dziwnie
A pod lewym okiem szaro.

Stroną była Kryśka Władka
Cóż nie obroniła Radka
Znajoma żony sąsiadka
Sumienie się odezwało
I wszystkiego odechciało.

Oficer i Pliszka

Na poligonie oficer Baca
Musztry urządzał takie na kaca
Pluton na drzewo drugi po browar
Wydziwiał bestia jak z kimś się pożarł.

Nagle z szeregu wystąpił Pliszka
Stary wyjadacz i niezły picer
I rzekł półgłosem słuchaj oficer

Coś jeszcze

Zwalniam cię z armii mój drogi Baca
Idź do cywila uleczysz kaca.

I odszedł Baca w odległe strony
Jak zamyślony tak zasmucony
Siedzi w okopie i wódę żłopie
Jest całkiem inny bo zniechęcony.

Pliszka agentem był podrobionym
Dziś obserwował Bacę z urwiska
Dopiął swojego sam się awansował
I jest od dzisiaj generał Pliszka.

Działania

Jeden dużo w życiu zdziała
Inny znaczy mniej niż dużo
Ktoś posiadał fabrykę śmiechu
Inny zaś fabrykę kurzu.

Ten od śmiechu to pociecha
Nie martwi się i uśmiecha
Ten od kurzu robi dym
Stara się choć nie ma czym.

Śmiech to zdrowie dym to ściema
Ulotnił się i go nie ma
Śmiech można pogłębić ulepszyć
Dymem płuca rozdąć rozpieprzyć.

Radzę uważnie przeczytać i posłuchać
Proszę płaczem nie wybuchać
Być prawdziwym na ile się da

I bronić własnego ja.

Ja

Kto ma z mąką do czynienia
To zrozumie jedną sprawę
Mąka zawsze będzie biała
I to jest najbardziej ciekawe.

Żeby jeszcze tego dociec
Mąkę stworzył sam Bóg Ojciec
I przez wszystkie pokolenia
Służy nam do pożywienia.

Adam z Ewą dawno w raju
Z mąki chlebek świeży jedli
Nieźle im się nawet wiodło
Za darmo pretensji nie mają.

Mąko mączko z samej mączki
Dorodne chleby i pączki
Przyjaciółko na pierogi
Wzmacniasz serce ruszasz nogi
Króluj z nami nierozłącznie
Biało smakowito mącznie.

Rachunki

Za prąd za gaz wodę węgiel i sól
Za smutek radości rozkosze i ból
Za międzypaństwowe stosunki
Rachunki rachunki rachunki.

Związane z umową i pracą

Coś jeszcze

Podstawa płacone i za co
Wysokie i niskie czasami
Na co dzień je spotykamy.

Rachunek istnieje przez liczby
Od zera do nieskończoności
Przez kogoś dla kogoś i za coś
Za domy armaty miłości.

Rachunki jak cyfry zazdrosne
Jesienią czy w zimie na wiosnę
Stwarzane przez pot i muskuły
Zawarte są losy człowieka
Choć czasem i zwykłe pirduły.

Na luzie

Pomarzyć nie bywa rzadkością
Podzielić się swoją radością
Wykrzyczeć pokraśnieć buzię
Czy to jest to czy to aby na luzie?

Do luzu najlepsze jest lato upalne
Plaża lody i napoje zimne
Dziewczyny dorodne i zwinne
I fale na morzu i słońce
I niebo bezchmurne mieniące.

A co najważniejsze to czasy spokojne
Oczywiście i nerwy na wodzy
Więc życzę miłego urlopu
Trzymajcie się moi drodzy.

Wykrzyczał i ozłocił się

Nagromadzone latami w sobie
Sprawy wykrzyczał i po problemie
Zmęczony spadł z trybuny
Wydał okrzyk   kocham ziemię.

I wpadł do kadzi z ciekłym złotem
A co było potem?
Z każdej strony ozłocony
Spoczął na dnie kadzi.

Proszę zauważyć i pomyśleć
Do czego to krzyk
Doprowadzić może
O Boże!

Pst

Cisza spokój tak wypada
Nie ruszać się nie musieć
Nie myśleć uważać
Trwać.

Wypada czy nie wypada
Coś jeden raz z siebie dać
Nie zważać na jakieś tam licho
Zachować się to siedzieć cicho
Pst.

Terapia

Terapia to może się przydać
Gdy możliwości nie widać

Coś jeszcze

Gdy rozum problemy zatapia
To wtedy potrzebna terapia.

Ktoś jak zwykle się nagle zagapił
I myśli mu wcięło przypadkiem
I smutno mu tak bez powodu
Brakuje humoru i wzwodu.

Gorąco na dworze on w czapce
Korale założył po babce
Niekiedy udaje zająca
Sam się z równowagi wytrąca.

Zażegnać kłopoty terapią
Wskazane jest trzepać dywany
I szukać w sobie odmiany
A w lecie lepić bałwany.

Mój jestem

Jestem mój to znaczy swój
Moja rodzina jest liczna
Posiadam koszule spodnie i sandały
Nie jestem wysoki ale wcale i nie taki mały.

A kto to jest ona?
Podobna do niego bywa brązowa
Zielona koloru czarnego nigdy żółtego
Ani w paski nie robi łaski.

Układa swetry getry majtki w kraty
Kupowana za gotówkę przelewy i na raty
Razem posiadają wspólny dom
Kto to jest ona a kto to jest on?

Odpowiedź nie koń nie słoń i nie żyrafa
To regał i szafa.

Koń z papierosem

Do czego to dochodzi ludzie
Co to będzie jak tak dalej pójdzie
To może się wszystko zawalić
Koń zanim zacznie orać pole
To musi najpierw papierosa zapalić.

A papierosy teraz bardzo drogie
Unia nie chce tracić
Chłop musi owies kupić dla konia
I za papierosy płacić.

Dla konia dla siebie i żony
Chłop wściekł się aż pieprznął gitarą
Koń zrobił sobie godzinę przerwy
Spokojnie pociąga cygaro.

O trzeciej już koń rzucił lejce
Po godzinach pracować nie chce
Nie boi się żadnej kontroli
I nawet się sam już nie goli
A chłopa aż zęby bolą
Oj doloż ty moja dolo.

Lepiej

Czuć świeże powietrze
Wdychać aż będzie słychać
Pić stare wino nie żegnać się tylko witać

Coś jeszcze

O zdrowie pytać i zdrowie mieć.

Cóż od teraz można chcieć?
Nie przysięgać na rzeczy zbyteczne
To niebezpieczne
Być niemrawym przez chwilę jedną
To sprawy sedno
Zabłysnąć jak uczeń
Odnaleźć siebie w potrzebie
Nie urągać nie być plagiatem.

I uśmiechać się przyjaźnie
To takie teraz ważne i zdrowe
I jeżeli upaść to na nogi
A nigdy na głowę.

Brawurowi nietypowi

Od rzeczy i nie do rzeczy
Jedno drugiemu przeczy
Czy można zapomnieć
O przyciąganiu do matki ziemi?

Powód chęć zwycięstwa za wszelką cenę
I mamy wycenę
Upadł waści na głowę aż posypały się iskry
Mądry inteligentny i bystry.

Skąd ta wpadka
Poskręcali Władka czy Mietka
Chudy jak żyletka tak się złożyło
Nazwisko Brawura to nie jest do sukcesu klucz
Słuchaj i się ucz.

Nogi w butach

Nogi w butach
Nie odwrotnie buty w nogach
Barbi na wysokich obcaskach
I przy tym skandale butne.

Nogi szczupłe buty w śrubę
Obcasy na te czasy cztery cale
Wycinanki w karnawale
Odrywane od podłogi
A nóżki w bucikach paradne
Bez żadnych skazek jak obrazek.

I nagle stało się
W celu odbycia pokuty
Wprowadzono ciasne buty
Grzechów nie przybywa wcale
Kto to słyszał nawet w karnawale
Żadnych wątpliwości nie ma
Po problemach.

Tylko jest uboczny produkt
To oczęta zapłakane
Po użyciu ciasnych butów
Kremem nóżki nawilżane
Stąd są punkty dodatkowe
I odjęte dni grzechowe.

Ale dziewczyny są dzielne
Nic odciski i bolączki
Mały może duży problem
Pozdrawiam i całuję rączki.

Coś jeszcze

Czas na sprzedaż

Czas to reklama czas to pieniądze
W różnych cenach tańszy i drogi
A tak nawiasem idziemy z czasem
Nieraz tak długo aż bolą nogi.

Ktoś tak pomyślał w międzyczasie
Interes ubić taki na czasie
Dużo wolnego ma to czas sprzeda
Duże pieniądze zarobić się przyda.

Naga prawda

Naga znaczy obnażona rozebrana
Z materiału do rosołu czyli do skóry
Niezależnie od postury i sylwetkowej postaci
Czy obnażyć się to nie stracić.

Paniusi choć wcale nie musi
Otyłej jak fura
Zauważyć można zawdy
Tu jest wiele nagiej prawdy.

Zwisy spisy obwarzanki
Bańki i pomele pląsy
Zawdy tak jest wiele prawdy
Naga prawda i przekąsy.

Nie stosują tego babki
Jest jak przemłodniała mapa
Albo owdowiała szkapa
Rozebrała się i klapa.

Dziadek zawsze się nie dawał
Zobaczył i tak na zawał
Nagle fiknął i wykrzyknął oj się boję
Oddał życie nagle swoje.

Alibi

Gościu wysoko podskoczył
Usiadł i przeciera oczy
Owszem znalazł się na tronie
Ale z tyłkiem na koronie.

Tak korona go uwiera
A poniekąd to sensacja
Wstać nie może oni dojrzą
A to będzie profanacja.

A nie głupi był że chyba
Nagle wymyślił alibi
Pomysł prawie że uroczy
Po prostu zmienił pozycję
W d... wkomponował oczy.

Król ten został wygwizdany
Lud to dostrzegł przy pokłosie
Alibi to było i może niezłe
Ale król nie pomyślał o nosie.

Spis treści

Co jest treścią wyraz zdanie
Może pytania uparte
Być może zwykłe banały
Wyrażenia nic nie warte.

Coś jeszcze

Różne teściowej wybryki
I kolące w oczy słowa
Ufo zwiało z Ameryki
W Anglii przemówiła krowa.

W sklepie ktoś dopalacz buchnął
Organista śpi na chórze
Krasnoludek znów się urżnął
Deszcz obrócił się przeciwko naturze.

Z treścią bywa tak jak z życiem
Istniejecie to sami widzicie
Czasem biorą wszyscy diabli
I boleśnie treść hak wciśnie.

Ktoś może się na nas napalić
A będzie się i czym pochwalić
I w kącie do ściany przyciśnie
Aż pętla się na sercu zaciśnie.

Prąd popieścić czasem może
Co ja plotę mój Boże
Treść to żądza dużo warta
Bo na co dzień z życiem zwarta.

Basta

Placek zbrązowiał na amen
W kuchni stworzyły się dymy
Aż obraz poszarzał na ścianie
A wszystko to z winy babiny.

Do domu szła trzy godziny

Skleroza nie zna przyczyny
Wyszła na chwilę na miasto
A przedtem wstawiła w piec ciasto.

Któż teraz to ciasto spróbuje
Za darmo kto się odważy
Wnuczek czy pies sąsiada
Czy ktoś z przybyłej w dom straży?

Fasto się ciasto upiekło
Basta stracona śmietana
Sumienie w babce zadrżało
I pękło jak bańka mydlana.

Polityczna debata

Po co pośpiech nikt nie goni
Bałamucić jest w programie
Jesteś waści politykiem
To twój obowiązek panie.

Napisali na papierze
Po hebrajsku i w ojczystym
Coś o cukrze i fasoli
Nawijają aż łeb boli.

Pan na koniu pies przy panu
Kruk na sali robi koła
Nacisk na ochronę kładą
Z pewnością to ktoś z kontrwywiadu.

Nastał finisz po popisie
Ktoś na scenę nagle wtargnął
I prawdę wygarnął boleśnie

Coś jeszcze

Obrady zakończone wcześnie.

Nie umarł

Nie umarł bo czasu nie miał
Ktoś musiał w piecu napalić
Wyrzucić śmieci do kosza
I papierosa wypalić.

A kto dziś za darmo da trumnę
Poświęci za frajer kropidłem
I wspomni przy okazji
Jak bardzo komuś obrzydłem.

Za stary za późno się weselić
I z siebie bałwana ulepić
Obronić przed zwykłym złodziejem
I zupę przypadkiem przepieprzyć.

Kto pójdzie po drzewo do lasu
Nie umarł nie stało mu czasu
A z resztą to nie ma i chęci
I do umierania pamięci.

Dość

Taki gość miał już dość
Bo dostał w kość
Kość była tylko jedna
A mina gościa zrzedła.

Z kością odbyło się tak
Spożywał gość obiadek na wznak
Przypadek albo zły znak

Z chciwości udziaka połknął
I więcej już buźki nie domknął.

W ten moment stanęła mu kość
Miał wtedy wszystkiego już dość
Nie mógł krzyknąć płakać a nawet kląć
Na ratunek! Skąd go wziąć?

Wtem na pomoc przyszło krzesło
Jak wykrzywiony był gość
I miało go już po uszy
Nie wytrzymało i pękło.

Wtedy to grubas wykrztusił
Tę kość z radości nie w złości
Udało się sama odeszła
I bez pretensji do krzesła.

Podatki na 2018 rok

Zmieniły się czasy powstało nowe
Wziąć pieniędzy
Ale skąd mówi rząd
Wynika że z podatnika.

Potrzeba na nowe limuzyny
Alkoholowe misje i inne wydawanie kasy zgubne
Oni krzyczą   nie zgadzamy się
         To hańba już po nas.

Mówi rządto nie nasz problem to nie do nas.

A oto nowe podatki.

Coś jeszcze

Od posiadania matki
Od teściowej bólu
Od wieczora aż się przyciemni
Przywiązania do ziemi.

Dentysty i bolącego zęba
Trzymania papierosa w zębach
Pośpiechu wydechu i zmęczenia
Pierdzenia przeczącego naturze.

Indyczego jaja bo droższe niż kurze
Od marzeń o miłości
Przedwczesnej litości
Od zmarłego na raka.

Rzuconego przez dziewkę chłopaka
Że coś się nie udało
Że dostałeś kopa a powinieneś dostać pałą
Od siniaka na d...

Że wypsnęło się k... głupie
Obżarstwa opilstwa i brudu
Od dokonania cudu
Od urlopu na plaży.

Pamięci czy dobra czy zła
Czy ugryzł cię owad czy wsza
Od komunizmu i socjalizmu aż dwa podatki
Że spieprzyłeś się z gibkiej kładki.

Że z własnej winy pomyliłeś knajpę z kościołem
Że oglądałeś porno i kobiety wesołe
Czy kobietę masz grubą czy płaską
Od długiego członka.

Stanisław Pysek Prusiński

Że teściowa na pierwszym miejscu nie żonka
Od niewiernego małżonka
Od spotkania z policjantem lub władzą
Kłótni w sklepie.

Od urodzonego kotka przy kominku
Od psiego szczeku
Wylałeś nie swoje mleko
Od dziadka w chwili spoczynku.

Od tego co ma ci pożyczyć
Że w szkole dostałeś pałę
Że jądra posiadasz za małe
Że sprawa stoi a nie leży.

Podatek od ciebie zależy
I płacić się go należy

Działanie i skutki reklam

Przysyłają tyle kwitów
Darmowych z popytu i reklamy
Ukazują wielkie wizje
Oglądajcie nas
My wam damy.

Na wyspach cudowne wille za złotówkę
Smaczne bułeczki z pieprzem
Drogi proste bez zakrętów
Niewinne na płuca powietrze.

Podpisz waści wyślą maści
I używasz ile wlezie

Coś jeszcze

Suwak ma tyle funkcji
Ze spodni ci nie wylezie.

A w nocy po medycynie
Jeździsz z diabłem na rowerze
Do domu przyjdzie panienka
Tak ci fryzurę odcyka
Rodzina cię nie rozpozna
I wezmą cię za muzyka.

Tak cię wycudują dranie
Że stracisz ochotę na s...
Już nie mówiąc o jedzeniu
Reklamowym dziwnym chwytem
Pocałujesz się z popytem i podążą
Bo tak każą.

Bieda na urlopie

A za darmo nikt dziś nie da
Pomyślała biedna bieda
I w mig zadecydowała
Więc na urlop się wybrała.

Nie ma biedy ale głośno
Domy prawie w oczach rosną
Codziennie to nowa fabryka
Sklepy i restauracje.

A kto by się kiedy spodziewał
Że bieda ma teraz wakacje.
Nierobów pełne alejki
A po kredyty kolejki
Nikt teraz nie chodzi piechotą

Stanisław Pysek Prusiński

W portfelach dolary i złoto.

Lecz opisać to się nie da
Jaką minę miała bieda
Gdy z urlopu wróciła
Zrobiła się dziwna niemiła
Tak straszną gehennę przeszła
I już nigdy nie odeszła.

Morał jest taki
Nie będzie draki
Kiedy bieda na urlopie
To używaj wtedy chłopie.

Jak ciemno to

Noc nastała trzeba spać
Nie wchodzić na jabłoń czy drzewo oliwne
Nie szukać omackiem jabłkowych owoców
Bo w nocy nie widać i ręce się pocą.

Gdy musisz wędrować samotnie po nocy
Należy powoli się śpieszyć
Bo można upaść na czółko
Niechcący za coś drogie powiesić.

Jest ciemno nie szukaj przygód
Nie szarżuj gazem w maszynie
Bo można się przez to znaleźć
W nieznanej zaświatnej krainie.

A w nocy to źle zalać się w trupa
Efektem może być skopana d...
I styl niefortunnej przewrotki

Coś jeszcze

A mandat za jazdę niesłodki.

Solówka

Na liczniku prawie stówka
Ze słoniem ścigała się mrówka
Który na rowerze pędził
Przed policją coś tam zwędził.

Kto nie myśli ten się ściga
Albo jest na odwykówce
Jak przemówić do rozsądku
Takiej beztroskiej mrówce.

Słoń zatrzymał się na płocie
Puszkę rybną połknął w locie
A policjant poszedł siedzieć
Jak o czymś takim nie wiedzieć.

Nie wypada sprawy zdradzać
Noseczka w nie swoje wsadzać
Nie każdemu jest do mety
Tak to zdarza się niestety.

Walczyć o coś czego nie ma
Odkrywać karty bez asa
To zaczynać od przedszkola
W kolejności pierwsza klasa.

Rola pola

Tak się odwróciły role
Aż strach wyglądać na pole
Zmiętolone całe w pasach

Wiszą skiby na zawiasach.

Kto zaorał tak to pole?
Kozioł lampart słowik słoń
Do nikogo nie pasuje
To na pewno nie był koń.

Spór wnet rozstrzygnęła firma
Instytucja wszech i wobec
Przyjechali nie pytają
I zawiasy oglądają.

Nie chcą się za darmo wpieprzać
Bo i co tu komentować
Napisali w orzeczeniu
By zawiasy pomalować.

Na zielono i czerwono
Obojętnie w którą stronę
A tego co to zaorał
Awansować î odznaczyč
Jak to można wytłumaczyć?

Podpalenie

Gościu podpalił chałupę
Przy tym lęku się nabawił
Zdążył tylko portki zabrać
Zapomniał że tyłek zostawił.

Jak to zebrać się do kupy
Chodzi w spodniach lecz bez d...
I jedzenie mu nie idzie
Połamany jakiś struty

Coś jeszcze

Z pewnością to w ramach pokuty.

Beczka

Bednarz zdziwiony troszeczkę
Bo wymyślił prostą beczkę
Lecz po drodze się skrzywiła
I sprawa do sądu trafiła.

Myśli sędzia aż go kiwa
Bednarz prosty beczka krzywa
O co tu właściwie poszło
Że do takiej sprawy doszło?

Wiem krzyknął sędzia radosno
Bo to drzewa krzywe rosną
A że takie urodziwe
Dlatego to beczki są krzywe.

Pas i tyłek

To jest prawda zgodnie z czasem
Może to i nie jest miłe
A żeby uderzyć pasem
To trzeba posiadać tyłek.

Ale żeby i uderzyć
To jeszcze się trzeba zamierzyć
A najlepiej delikatnie
Bo osobnik płakać zacznie.

Koń się wkurzył zrzucił maskę
Bo woźnica lał go paskiem
Spadły spodnie zbladła babka

Kiedy zobaczyła Władka.

Uczeń w szkole dostał dwóje
Protestuje w kącie pluje
Gdyż wymaganiom nie sprostał
Za to tęgie lanie dostał.

Namiętliło

Namiętliło się wokoło
Różnego rodzaju gadki
Że dzieci się rodzą w kosmosie
Kosmitki to właśnie ich matki.

Czy prawdą jest że w drodze od baru
Tak pijak potwornie się zmógł
I został tak poniżony
Wyrwało mu grunt spod nóg.

Miętolą że aż się ściemnia
Sąd stwierdza że jest winna ziemia
Dlaczego spod nóg mu spieprzyła
Z reguły tak grzeczna i miła.

A to telewizję tak boli
Tak tę wiadomość miętoli
To ziemia traktuje nierówno
Dlatego pijaczek wpadł w g...

Poskręcać pijusa i umyć
I dać mu na nową koszulę
Nie mogę tak dalej miętolić
Bo sam się w końcu rozczulę.

Bezbożnik

Stanął bezbożnik na progu
Bo on nigdy nie był w potrzebie
A co tam mu jakieś prawo
On widział wszystko dla siebie.

Nagle ziemia się zatrzęsła
Pękły schody i bariery
A nic mi to myśli ten tam
Nie mój biznes do ch...

Głos mu szepce   spieprzaj chłopie
            Doigrasz się Bóg na urlopie
            Chcesz żyć to bądź ostrożny
            Bo umrzesz jako bezbożnik.

Nie posłuchał ów i juści
Znalazł się w ogromnej jamie
I pomyślał tu jest lepiej
Cóż nie uwierzyłeś chamie.

Tragedia i strategia

Strategiczne punkty po co
Żeby bać się a jest o co
Ktoś tam na nic zrzuci bombę
Zniknie i zamiecie w trąbę.

A tragedie się zdarzają
Proste głupie i przypadkiem
Udał się do domu starców
Był młody przez starą babkę.

Stanisław Pysek Prusiński

I przypadek młody dziadek
A grzmią media i tragedia
Tragiczne losy kosmity
Sam w przestrzeni i napity.

Fruwa sobie bez pomocy
Cały dzień do późnej nocy
Nie wróci na ziemię bo za co?
Bo za fruwanie nie płacą.

Na dalekiej Antarktydzie
Wszystko zimne nawet ogień
Zwykłą kawę weź i podgrzej
I to jest ogromna tragedia
Lecz o tym nie trąbią w mediach.

Babka zmarła w tamto lato
Ale tak teoretycznie
Bo to ją wyprzedził dziadek
Zmarł wcześniej na wszelki wypadek.

Ale żadna to różnica
Twierdzi babka w telewizji
Dziadek dzisiaj z nią rozmawiał
Proszę spojrzeć jest na wizji.

A afery też tragiczne
Forsa znikła o poranku
Prezes udał się w nieznane
Podobno nie było banku.

I kochankę także wcięło
Nie ma forsy ludzie płaczą
Ale to jest takie dziwne

Płaczą choć nie mają za co.

Lody

Woda w zimie zamarznięta
Kran odkręcisz nie ma wody
Wsypiesz proszek do maszynki
Za minutę liżesz lody.

Zima futra łyżwy sanki
A to nawet i ciekawe
Lody z wody lody z proszku
I dowiemy się po troszku.

Lody ważne gospodarcze
Pracuję lecz nie nastarczę
Chodzę tylko w jednym bucie
A podwójne jest obucie.

Tamten lody zrobił w hucie
Ktoś postradał w banku franki
I nawiał z ulicznej łapanki.
A ominęły go bańki.

Przeceny z przeceny

Na coś się takiego zdobyć
Wczoraj teatr przecenili
Scenę kurtynę oraz zawiasy
Dyrektor kosztuje złotówkę
I o kupienie się prosi
Księgowa tylko dwadzieścia groszy
Sekretarz już tylko dziesięć
Aktorzy po jednym groszu.

Stoją w kolejce i proszą
Tak sztuka dostała popalić
Że się nie ma czym i chwalić
Brawa bito w odwrotną stronę.

Scenariusz wrzucono do kosza
A konia wynieśli na noszach
Reżyser się oddał za darmo
A wzięła go babcia z przytułku.

Okrywa go kocem drewnianym
I pociągnęła na piętro
Przez jedną głupią reformę
Ogromny przybytek zamknięto.

A później to się okazało
W ponownym rozpatrzeniu tej sprawy
Przecena ta była pomyłką
Nie było do tego ustawy.

Bęc

Bęc to słowo wszyscy znają
I często się z nim spotykają
Można by to łatwo sprawdzić
Wejść na szafę więc i bęc
A po drodze krótkie chwile
To tyle o ile.

Dasz nie dasz

Daj jak nie masz nie daj jak masz
Nie ma o czym dyskutować

Coś jeszcze

Dać to sobie najkorzystniej
I nie ma co sobie żałować.

Jak masz nie dać nie daj nikomu
Wiadomo nie masz to nie dasz
Nie posiadał swego domu
A wystawił go na sprzedaż.

Żeby prosto sprawom sprostać
Tak po prostu się nie dawać
Na swoje konto odkładać
A z czyjegoś grosz wydawać.

Nie wysyłać g... w paczce
Bo powagi to ujmuje
Listonosz się może przeziębić
I poczta się zrujnuje.

Nie dasz bo i weźmiesz skąd
Ty dajesz to robisz błąd
Nie przejmuj się są różne względy
W przyrodzie też zdarzają się błędy.

Zabronić czegoś

Nie kazać prosić trwonić
Po prostu działać zabronić
Czegoś sprzedać śpiewać ważyć
Czy można zabronić marzyć?

A zabronić wierzyć w cuda
Czy każdemu to się uda
Cudów nie ma pewnie z nudów
I to dotyczy marudów.

Wszystko wolno jak się pragnie
Uśmiechać się tańczyć ładnie
Nie swoje pieniądze przetrwonić
Przed tygrysem się obronić.

Bryczka i koń

Bez konia bryczka nie jest warta nic
Jest zwykłą pustą karetą
Może i nawet fikuśną
Ale to jest jeszcze nie to.

A co bez bryczki koń warty
Przegrał ją zwyczajnie w karty
Nie ciągnie bo nie jego
I co wynikło z tego?

Koń przebywa na bezpłatnym urlopie
Po prostu odpoczywa
Czy można nazwać to skandalem
Można by było lecz jedno ale.

I koń zakończył
Bo żłób się skończył.

Różnica w Mikołajach

W PRLu było wielu
Najzwyklejszych dobrodziei
Byłem żywym tego świadkiem
Miałem ojca oraz matkę.

Byłem mały potem duży

Coś jeszcze

Nie prałem tatusia po buzi
Mój Mikołaj nie podpadał
I nikogo nie okradał
Jeździł fiatem i miał sanie
Obce mu było narzekanie.

A obecni Mikołaje
Nic nie biorą tylko dają
Dzieci mają tłuste buzie
Rodzą się od razu duże.

I roztropne mają czipy
Żeby wszystko wyprostować
Trzeba tylko je wychować
I nie robić z życia lipy.

A Mikołaj to w tym roku
Przyjdzie w nowy ustrój w lato
Buzie z Mikołajem krasne
Za pożyczone nie własne.

Gwoździe

W pewnym państwie w środku miasta
Otwarto fabrykę metali
Producent ogłasza w gazecie
I się wynalazkiem chwali.

Ale chwalić się czym mają
Gwoździe same się wbijają
Na młotki nie ma popytu
Stąd tyle kłótni i zgrzytu.

Stanisław Pysek Prusiński

Pokolenie Mateuszowe

Chodzi tu o pokolenie
Urodzeni sami lenie
Mateusz jest tu najstarszy
Wciąż jest zajęty i śpi i patrzy.

Jest przykładem dla nich i wzorem
Nie pracuje bo nie ma czasu
Głodny chłodny nieumyty
Jakby do krzyża przybity.

Obowiązkiem leniwego jest
Odpoczywać ile da się
Pracowity ma harować
By utrzymać również lenia
Tak wygląda Mateuszowe prawo
Coś tu jest do poprawienia.

I zaczęły się też plotki
Ze sklepów znikają młotki
Jak poradzić z tym kłopotem
I z nowym problemem zmierzyć
Gwoździe same się wbijają
Ale się nie zaginają.

Przyciąganie

Gdzieś stworzono nową klęskę
Coś takiego żeńsko- męskie
Jakiś mądrala od góry wymyślił
Sposób na odciąganie ziemskie.

Stworzył siły odpychania

Coś jeszcze

Likwidując przyciągania
I stąd wielkie perypetie
A chociażby nawet w sklepie.

Pana od pani odciąga
A do pani nie przyciąga
Stąd same kłody pod nogi
I powody to rozwody.

Mądrala zrobił to we śnie
Dobrze że obudził się wcześnie
Więc zostało odwrócone
Odciąganie zakończone.

Dziwna ryba

Ryba wody się wyrzekła
Bo ją haczyk molestował
Coś wisiało mu na czubku
Pokazywał się i chował.

Spakowała swoje rzeczy
Zarzuciła na oskrzela
Zgodnie z przemyślaną sprawą
Wypierdoliła ze stawu.

Ale gdzie się uda ryba
Słońce praży mało czasu
Na zieloną kwietną łąkę
Czy do pobliskiego lasu.

A może wybrać solarium
Myśli ryba i tak gdyba
    Mam wrzasnęła jest akwarium

To najlepszy pomysł chyba.
I po sprawie czy ciekawie
Akwarium w sam raz pasuje
Cóż nie pomyślała ryba
W akwarium jest też woda chyba.

Gimnastyka

Gimnastyka bardzo ważna
I na pewno się opłaca
Wyginanie prostowanie
To jest bardzo ciężka praca.

Przykład malec z jednym roczkiem
Trenuje buziaka ze smoczkiem
A sportowiec prawidłowo
I żeby się nie okłamać
To wykręcać prawidłowo
By karku nie skręcić czupryny nie złamać.

W gimnastyce bardzo ważne
Co wzmacnia siły kulturę
Radzę żeby nie przesadzać
Głową za szybko nie kręcić
I nie wzbijać mocno w górę
Bo problemów będzie furę.

Z pustego w pełne

Kwadrat koło czy elipsa
Prawidłowo czasem różnie
Udowodnić naukowo pewnie
I przelać z pustego w próżne.

Coś jeszcze

I mogłoby się wydawać
Żeby zera pododawać
I dołożyć do pełnego
Co wyniknie teraz z tego?

Sytuacja zgoła różna
I dlatego to zdziwienie
Co to może zdziałać próżnia
A chociażby na życzenie.

Śmierdzi pachnie

Śmierdzidła pachnidła to chemia
Wiadomo jak zapach się zmienia
Komu pachnie komuś śmierdzi
Ktoś inny nie czuje tak twierdzi.

Stąd wynikają kłopoty
I powiązanie a klimatem
By sytuację uzdrowić
Jak przeciwdziałać zatem?

Wprowadzić podatki duże
Na wszystko na g... nawet kurze
Na spaliny na głośne gadanie
I bezsensowne stękanie.

A ustawy zadziałały
Aż z radości łzy polecą
Na dworze bzem zapachniało
Smrodu nie znajdziesz ze świecą.

W roli adwokata

Adwokat dawna dziwna profesja
W świetle obciachu ciągle agresja
Klient przegrywa obrywa butem
Traci pieniądze za pokutę.

A pewien prawnik rozpoczął bójkę
Znudzony prawem uprawia stójkę
Jest mecenasem i walczy z czasem
I nie użera się z klientem o kasę.

Dają co łaska na browar w czapkę
Ten się ukłoni pozdrowi babkę
Wujka pastora i kogo da się
I jest na czasie.

Sytuacje

Grzechem nazwać czyn niegodny
Bliskiej osobie zaszkodzić
Nieślubnego potomka spłodzić
Płakać ale nie zawodzić.

Gdy na koncie się uzbiera
Dużo brzydkich słów niegodnych
Wtedy pędem do spowiedzi
By uczynić serce godnym.

Kto ma teraz o tym myśleć
A ktoś powie będzie czyściec
I nie musisz się tak śpieszyć
Bo jeszcze zdążysz nagrzeszyć.

A najlepiej nie podpadać
Z dobrych uczynków się spowiadać
I za serca iść potrzebą
A masz na sto procent niebo.

Bill

Bill był szybki ten z westernu
Chociaż straszną był ofermą
Na konia odwrotnie wsiadał
Na głowę siodło zakładał
Odwrotnie pakował naboje
Raz kozy zastrzelił swoje.

Czas się zmienił Bill się zestarzał
Pióro połknął i się tarzał
Z rozmysłem siadł na ognisko
I niemalże stracił wszystko.

Na stojąco chłeptał wodę
I wspominał lata młode
Na recepcie odwykówka
Suchy kaszel i głodówka.

Koń i osioł

Osioł stracił a koń zyskał
Zapłacił i rżenie odzyskał
A osioł stoi przy wiśni
I czeka aż rozum mu się przyśni.

Koń jest silny i bezsporny
Osioł dziwny i toporny
Z koniem można się domówić

A z osłem często poróżnić.

Ale w końcu o co chodzi
Skończy się na małej czkawce
Osioł z koniem się dogadał
Na politycznej huśtawce.

Historia dramatu

Westchnęło ruszyło się pióro
Atrament napełnił je właśnie
Jakieś słowo gruboscienne
Wyrwało się kurcze właśnie
Błysk się zrobił i nieprzyjemnie
I nagle jak piorun trzaśnie.

Szło o wiersz a jest nowela
Wydawca się przyp...
Że koniec że zbyt miękki i kruchy
Z powodu głupiej ropuchy.

Zły jest styl i nie na temat
Przerobić trzeba na zwykły poemat
Sprawiedliwości dołożyć
Kogoś trzeba upokorzyć.

Obnażyć wszystko co trzeba
I nie przypieprzać do nieba
I fabuła nie ta sama
W rezultacie powstał dramat.

Autor się na scenę spieszył
Uciekł do lasu bo się speszył
Co tam autor tak nawiasem

Coś jeszcze

Mały problem mamy kasę.

Piekło w piekle

W wyobraźni się przegięło
Ogniem piekło się zajęło
Jęczące języki ognia
I stworzyła się pochodnia.

Straż kosztuje a czas nagli
Wody tylko na lekarstwo
Rachunki za opał duże
W środku niechlujstwo obżarstwo.

Szef się wkurzył na obsługę
Pokazał na sumy duże
Tym wywołał wielką burzę
Aż się dym ukazał w górze.

Koniec ciepła stop pochodnie
Wprowadzono stan porządku
Czynne tylko dzień w tygodniu
Bez niedzieli środy piątku.

A co na to krnąbrne dusze
Czy dalej skarżyć się muszą
Narzekać na zimno wściekać się i użalać
Najlepiej to będzie sp...

Sądny dzień

Coś takiego nie wierzycie
Wprowadzić limity na życie
Do pięćdziesiątki i klapa

Dzień dłużej i wtedy czapa.

Coś takiego jak umowa o dzieło
I nie wszystkich by objęło
Bo ktoś jak dobrze zapłaci
Limitu do życia nie straci.

A żeby się nie dać udupić
A zachować drogie życie
To od pięćdziesiątki zaczynać
Do zera kroczyć przez życie.

Od zera i na minusie
Nie ulec typowej pokusie
Bo wszystko polega na czasie
Postarasz się a da się.

Głupia sprawa

Sprawa migiem się rozniosła
Konia ktoś zrobił na osła
I nawet go nie przeprosił
I jeszcze się z tym obnosił.

A kto to może być ten ktoś
To na pewno niezła świnia
Bez honoru i skrupułów
Dlaczego i skąd ta przyczyna?

A wydało się to wkrótce
To był Fryderyk po wódce
Zapomniał że koń to nie osioł
Za darmo na grzbiecie go nosił.

Skutki braku zębów

Nie ugryzła jabłka babka
Mimo że jest silna dziarska
I przez to bardzo się dąsa
Nie ma zębów tylko dziąsła.

Jak zadziałać sprawę rozgryźć
Któż by chciał za babkę pogryźć
Tak piękne czerwone jabłuszko
Rozprawić się z żółtą gruszką.

Tylko dziadek się nie poddał
On by babci serce oddał
Jednym zębem jabłko rozgryzł
Niefortunnie język odgryzł.

Dziadek milczy babcia gada
Coś jak zwykle fochy czyni
Czasami się i tak ułoży
Słoń poślizgnie się na świni.

Bąk i pszczoła

Bąk się zląkł lecz nie zdążył się schylić
To pszczoła go chciała zapylić
Szkoda że bąk to nie ma rąk
Tylko westchnął nagle zmiąkł.

Zapylony bąk przez pszczołę
Zjawisko tak nietypowe
Osioł który gryzł kanapki
Ze zdziwienia podniósł głowę.

Pszczółeczka jak nigdy nic
Widocznie tak musiało być
Skrzydełkami zamachała
I do ula się udała
Lekko i gładko
W tym przypadku kto jest matką?

Przykry telefon

Dzwoń do mnie mówił przyjaciel
O każdej porze
O północy w dzień w lato
Jeśli masz ochotę na to.

A co tam będzie dzwonił
Lepiej go odwiedzić
Przybył w nocy z własnym stołkiem
I pod drzwiami siedzi.

Pech chciał że światło zgasło
Zapukał nie dzwonił
Tamten go nie rozpoznał
W maskę mu przydzwonił.

Cóż więc lepiej zadzwonić
Czy lepiej zapukać
A może nie budzić w nocy
I darmowego guza nie szukać.

Desperat

Desperat rad nie rad
Spaść nie spaść wróży na palcach
Dziwne mrowienie po plecach czuje

Coś jeszcze

Nagle pomyślał zaryzykuję.

Skorzystam w akcie z majtek w tym fakcie
Jeszcze mam szansę i tym zabłysnę
Może się uda kiedy zawisnę
Nie pójdę na łatwiznę.

Myśli desperat w formie zadumy
Szkoda w majteczkach nie znalazł gumy
Odkłada zatem skoczenie Kajtek
Poszedł na skróty z powodu majtek
I braku gumy i czas zadumy.

Minął się z życiem sami widzicie
Pokój jego duszy
Więcej się już nie wzruszy
Spełnił życzenie samego siebie
Pewnie jest w niebie.

Dopiął swego

Dopiął swego stał się lekki pokonał ciążenie
Jest dumny z siebie mądrzejszy i osiągnął więcej
Problem w tym że jak się wzniesie do góry
Jeszcze szybciej spada więcej i więcej.

Dostaje wycieku z balona i drgają mu ręce
A co ciążenie na to
A ziemia niedaleko
Rozlane mleko.

Przypadek z głową

Niefortunnie odpadła mu głowa

Bo za szybko kręcił
Przyszył głowę natychmiast
Zanim zapytał żonę
Głowę ma teraz jak kiedyś na karku
Ale w drugą stronę
On teraz bardzo główkuje
Jak to naprawdę było
Głowę posiada z przodu
Lecz z twarzą do tyłu.

Koń i fraszka Pyska

Wszyscy się dziwią przez tyle lat
Koń nie jest głupi a połknął bat
Tak się rozczulił jak czytał fraszkę
I przypadkowo pochrupał laskę.

A w dobrą stronę to już nie idzie
Sprawił przykrości tym inwalidzie
Już nie dostanie po grzbiecie batem
Przepadła laska na sposób głupi
Za co emeryt ma nową kupić?

Emeryt teraz na konia łasce
Koń na dwóch nogach łazi przy lasce
Sędzia się sprawie przyglądnął z bliska
I do więzienia chce wsadzić Pyska.

Tak ta afera zatrzęsła światem
Płakać czy śmiać się czy robić łaskę
Pysek ma zwrócić połkniętą laskę
Było to latem co będzie z batem?

Służąca złu

Była z nim przez długie lata
Prała sprzątała i ciasta piekła
W końcu jej się to znudziło
Pewnego wieczoru uciekła.

Jak to do tego dojść mogło
Skąd taka decyzja nagła
Ona się w końcu skapowała
Że służy u samego diabła.

Kogo teraz ma obwiniać
Poskarżyć się komu ma ona
Czy temu co przestał używać
Swojego przedniego ogona.

Czy będzie potępiona
Czy dostąpi kary?
Ona sama jest sobie winna
Osobnik był już stary.

Podbierała mu kasę
I wspólnie pili samogon
I nigdy nie narzekała
W przeszłości na ogon.

Brzydkie wyrazy

Brzydkie wyrazy padają z rana
Wieczorem i w cudne południe
Z ust biednych obywateli i bogatych
Całymi zdaniami i na raty.

Boss komuś z czeka grosiaka urwał
Pracownik spojrzał co to o k...
Babcia złapała kapcia w oponie
Złorzeczy mlaska i sypie równo
Tyle roboty przez takie g...

Nowa idea nagle rozbłysła
By brzydkich wyrazów w ustach nie szargać
Należy umysł przy tym wytężyć
I usta swoje najbardziej zwęzyć.

Albo najprościej to robią w poście
Ugryźć się w język tak aż zaboli
Może się zdarzyć że tętno spadnie
I wtedy głupot się nie p...

Różnice w systemie

Wszyscy równi według prawa
Duży mały cienki gruby
To że rodzi się nieprawość
To przyczyna zwykłej śruby.

Stąd ten problem co zniechęca
Ktoś lekko śrubkę dokręca
I zgodnie z przewrotnym systemem
Miesza się kiełbasę z dżemem.

Równe równemu nie równe
Pismu ktoś dobiera print
Jak dokręci się za mocno
To na śrubie puści gwint.

Coś jeszcze

I zgrzyt robi się w najlepsze
Nowe problemy i zguba
Kto tu winien w tym przypadku
Dokręcający czy śruba?

Medale i odznaczenia

Pewien osobnik z oddali
Którego z kosmosu przysłali
Chciał zbadać w systemie ziemskim
Znaczenie i sprawy medali.

I badał tak trzy dni bez przerwy
Aż nagle puściły mu nerwy
Sporządził raportów stosy
I uciekł z powrotem w kosmosy.

Zaraportował cytuję:
Żyjącym medale nie przysługują
Za zasługi cudzołóstwo i długi
A umarłym nocą to po co?

A kontroli marne skutki
Medale dodają do wódki
I to przez tego kosmitę
Podaż pożarła się z popytem.

Na Bronia

Na Bronia krzyknęli oni
Ci z góry totalna władza
I posypały się gromy
Aż rozsypała się sadza.

Wszyscy za jednym dzwonkiem
Pognali za biednym Bronkiem
Co wygrał w sylwestra miliony
I został namierzony.

Sześć trafień a taki bałagan
Popłoch i wielka granda
Jak tu podzielić miliony
Omanić Bronka z kanta.

A spojrzeć tak z innej strony
Bronisław był wymyślony
To była zwyczajna cipa
A cała loteria to lipa.

Romeon i Luljan

Romeon lubił Luljana
To tak się zaczyna to dzieło
A Luljan lubił Romeona
Tak to się od flaszki zaczęło.

Romeon z samego rana
Obudził kolegę Luljana
By flaszkę przekręcić ze dzbana
I zagryźć udźcem z barana.

Wieczorem na mieście jest tłoczno
Obaj udali się w dal mroczną
Naokoło miejskie wiraże
Czyli na pobliskie cmentarze.

Wiadomo grobowce są modne
Usiedli w środeczku wygodnie

Coś jeszcze

I zadziałała gorzałka
Wnet nastąpiła przewałka.

Zdrzemnęli się Luljan z Romeonem
I płytą zostali nakryci
Przez robotników grabarza
Bez poświęcenia ołtarza.

Romeon i Luljan na zawsze
Jak w życiu miłości pokrótce
Nie płacąc za pochówek
W wieczności po gorzkiej wódce.

Ten dramat jest ku przestrodze
A zdarzeń złych jest niemało
Pomimo że czasem tak suszy
Należy uważać z gorzałą.

Majątek

Dużo mało i nic
Sceny z życia różne wątki
Dorabiają się ludziska
Oszczędzając na majątki.

I nasuwa się ten wątek
Co majątkiem można nazwać
Krowę czy konia w oborze
Czołg w hangarze czy rakietę
Na koncie franki dolary i jeny
Co mamy czasami nie wiemy.

Pomyśl teraz sprawę zrozum
Największym majątkiem jest rozum

Może nawet byle jaki
Żeby nie wyczyniał draki.

Powie to i nawet głupi
Za kasę rozumu nie kupi
Po co zatem tyle szumu
Ale to problem rozumu.

Zguba wiśniówka

Wiśniówkę wcięło któż by przewidział
Kupioną prawnie w zwyczajnym sklepie
I to legalnie nie pod przymusem
Jak o tym wspomnę aż mnie telepie.

A stało to się i przy niedzieli
W sposób zwyczajny prosto niechcący
Ten co to nabył ową wiśniówkę
Był niepalący i niepijący.

I tym zdarzeniem wkurzony wielce
To nic wielkiego lecz sprawa nagła
To jest z pewnością szachrajstwo czarta
Pomyśleć jednak że to na prezent
I to dlatego tak wiele warta.

W monopolowym po prawej stronie
Ów gość dostojny przy pięknej żonie
Zakupił prezent jakim jest flaszka
I to wybraną przez żonę Staśka.

Tak położona na tył Toyoty
Między prezenty różne słodkości
Z wielkim szacunkiem w dobie miłości

Coś jeszcze

Tak się wybrało małżeństwo w gości.

Tereska ostro wdepnęła gazem
Że na liczniku ostatnia kreska
Jeszcze nie wiecie jakim szoferem
Jest żona Pyska piękna Tereska.

Cel osiągnięty przepiękne kwiatki
Złożone na ręce ślicznej Renatki
Przez plecy Pyska przebiegła ciarka
Wcięło wiśniówkę prezent dla Darka.

Niespodziewanie bo w jednej chwili
Wiśniówki nie ma jak ją stracili
Czy to przypadek w ramach pokuty
Pyska ścisnęło na dwie minuty.

Stąd domniemania różne domysły
Może na czas ten złe czary przyszły
Wciągnęło w przestrzeń albo się stłukła
Przez dziwny układ ktoś wiśnię ukradł.

Nie ma na tyle ani na przodzie
Przejrzana prawa i lewa strona
I w bagażniku i przy silniku
Na spodzie dachu ani w oponach.

Zguba o pomstę do nieba woła
Dziś jest niedziela czas do kościoła
Dziwne i myśl taka dręczy wciąż Staśka
Niespotykane gdzie jest ta flaszka?

Pyskowi włosy zaczęło krzywieć
Jeszcze brakuje żeby osiwieć

A po kościele nowe szukanie
Pootwierane półki na przodzie.

Polak po szkodzie czuje się głupi
Bo takiej samej się nie odkupi
Wiśniówki nie ma w tym samochodzie
Cuda się dzieją nawet w przyrodzie.

Lecz nagła zmiana i proszę pana
Duch dobry przerwał szukania mękę
Staś wsunął rękę w siedzenia wnękę
Niemal uderzył łysą makówką
Wyciągnął torbę razem z wiśniówką.

Wielka to ulga jest znalezisko
Zguba jest z nami i to już wszystko
Rozradowało się nasze grono
Razem z wiśniówką odnalezioną.

Wynalazek pomysł

Co wymyślić by tu jeszcze
Nowe baterie lampy na mieście
Niewidoczne wskazówki do zegarków
Maszyny do zginania karków.

W końcu ktoś się tam wygadał
Wymyślił żeby deszcz padał
Tak po prostu sobie do góry
Niech się o to martwią chmury.

I padał w górę do chmur z powrotem
A potem pomysł spalił na panewce
Deszcz do góry padać nie chce

Coś jeszcze

Bo to i przeczy naturze.

Wynikły kłopoty duże
I złe badania wyniki
Co zatem uczynił uczony?
Ten nawiał do Ameryki.

Zrobić jaja

Jaja małe oraz duże
Strusie indycze i kurze
Jako jaja materialne
Widoczne i namacalne
W przemyśle spożywczym w fabryce
Funkcjonują jak normalne.

A żyjemy w takich czasach
Tyle spraw na jedną głowę
Wymyślamy wiele rzeczy
Produkujemy jaja myślowe.

Na urzędzie i na wczasach
W kosmosie a nawet w lasach
Wszędzie słowem tak było
A ktoś wymyślił jaja ponure.

Tu głupota bierze górę
Nad rozsądkiem i rozumem
Wąż nie wije się jak przedtem
Bo przestał żuć zwykłą gumę.

Z wiatru szumem gęstym deszczem
Najważniejsze parasole
Żeby nie zamoczyć jajek

Położonych gdzieś na dole.

Burdy

Burdowato to czy dobrze
Ostrzej się wyrażę kurde
Zając wpadł do parlamentu
I zrobił w budżecie burdę.

Budżet aż się zakołysał
Lew reformy nie podpisał
Jeleń się pod biurko schował
Na zająca nie głosował.

I się stało ja pindolę
Wygrały zwyczajne mole
Co nie widzą i nie czują
Po drodze wszystko rujnują.

Kto wywoła nową burdę
By wypylić mole kurde
Może pszczoła albo konik
Towarzystwo to przegoni.

Fachowo

Fachowo to znaczy jak
Na okrągło czy po prostej linii
Ktoś spieprzył zwyczajnie robotę
A innego się za to wini.

Coś wiedzieć to trzeba przeżyć
We własne się piersi uderzyć
A siły obliczyć na miarę

Coś jeszcze

By nie pracować za karę.

A w życiu to bywa różnie
Czas pali się szybko jak świeca
I program dotyczy wielbłąda
A świnia ma garby na plecach.

Świnia na drabinie

Kto to słyszał?
Kto to widział?
W Głęboszynie w pewnej gminie
Chodzi świnia po drabinie.

Kto zezwolił takiej świni
Łamać szczeble ściany ślinić
Chyba taka sama świnia
Do tego się właśnie przyczynia.

Wezwano na miejsce sierżanta
Aby ten się przyjrzał świni
 Sprawdził co robi świnia na dachu
I czy naprawdę się ślini.

Wziął się ostro za to gliniarz
Sprawdził że to jest kominiarz.
I na nazwisko ma Świnia
Też ma kaszel i się ślini.

Stój nie ruszaj się krzyczy glina
Czarna świnio złaź z komina!

Kominiarz ujrzał że to glina
I się wpieprzył do komina.

Nie przyskrzynił gliniarz świni
Z tego względu też się ślini.

Bać się czy nie bać

O coś obawiać to nie jest tak
Odważnym być to inaczej się nie bać
A bać to trzeba i przy tym wiedzieć
Za banie można w areszcie siedzieć.

Za każdym razem o coś tu idzie
Wyszło stanęło przyjdzie nie przyjdzie
Banemu gorzej gdy trzeba wiać
A bojącego na wianie nie stać.

Bać się czy nie bać koniec z początkiem
W środku odwaga i znów pytanie
Troska o banie i o nie banie
Główka do góry
  Co ma się stać to się stanie.

Sala pełna bólu

Nie chodź do szpitala królu
Skoro tak się boisz bólu!
W tym szpitalu same bóle
Ukrywane są przed królem.

Ból jest tu wszędzie w szafie w koszu
Z magazynów go przynoszą
W biurku komputerze w lufce
A i zimny jest w lodówce.

Nawet w zwykłej toalecie

Coś jeszcze

Tyle bólu mieści się przecie
Ale król ten nie posłuchał
Bo medycynie zaufał.

Zeżarł wszystką aspirynę
I się ukrył pod pierzynę
Ale ból nim i tak zniewala
Wtedy uciekł ze szpitala.

I ukrył się w wysokiej wieży
Kto zna ból to mu uwierzy
A kto nie zna i p...
Przekona się jak go zaboli.

Bzykanie

Problem dotyka każdego
W przyrodzie humana i zwierzęta
To co nam przysługuje
Staramy się zapamiętać.

Na przykład kurze gdakanie
Śledzenie kogoś z bezpieki
Lanie wody jest na modzie
I niefortunne przecieki.

A bzykać się wolno każdemu
Nie tylko pszczołom w zasiekach
Bzykanie jest normalnością
I wiąże się z naszą wolnością.

Zrozumieć to co napisane na górze
Bzykanie podlega zwyczajnie naturze
W teorii się liczy bzykanie

W praktyce to sprawdza się fajniej.

Pobzykać to znaczy znormalnieć
I poczuć się dużo lepiej
Robić to żwawo i nie na haju
Na wiosnę a najlepiej w maju.

Wkurzony widz

Co to jest to takie nic
Jakie porno to jest pic
Bilet wstępu bardzo drogi
Na ekranie damskie nogi.

Dalej nie pokażą nic
Tak się wkurzał w kinie widz
Widz jest wściekły i ponury
Łypie ślepkami do góry.

W górze też nie widzi nic
Co ma począć zwykły widz?
Wtem zrozumiał że w górze na sali
Film od kolan w górę dali.

I przeliczył się sromotnie
Obejrzał w całości z gołą babą
Lecz płacić trzeba dwukrotnie
A wtedy poczuł się słabo.

Płuca

Płuca choremu wysiadły
Ale się strachu najadły
Doktor chorego opieprza

Coś jeszcze

Ten nie ma płuc i powietrza.

Bez płuc jak żyć można móc
Chory głową zaczął tłuc
Dodatkowo pamięć stracił
I za szpital nie zapłacił.

Mieszka w domu bez oddechu
I jak tu nie mówić o pechu
Który przyszedł nie wie skąd
Co najgorsze czyj to błąd?

Sina dal

Mister Hallan działał cuda
Z deski drzewo wielkie stworzył
Długi strumień na pół złożył
Kiedyś wodę zmienił w ropę.

Ciągle tułał się po świecie
Zwiedził Azję i Europę
Chcecie cudu to poprosicie
Słowem był porządnym gościem.

I zdarzyło mu się w poście
A to był ostatni cud
Zamiast ryby spożył oście
A ryby wypuścił pod lód.

Ale to był bal duchowy
Oddalił się Hallan w siną dal
I ma z głowy cudne racje
Darmowe niewiadome wakacje.

Próżnia

Weźmy pod uwagę próżnię
Wiadomo tam bywa różnie
I powietrze tu nie spieprza
Bo w próżni nie ma powietrza.

Dla przykładu urlop w próżni
Jest jasno i się nie chmurzy
Żyjesz o dwa razy dłużej
Normalne zbliżenia w naturze.

Tylko problem jest że w próżni
Też bywają ludzie różni
Znacznie trudniej się wypróżnić
I żółte od czarnego odróżnić.

Oblany rozumem

Rozum być powinien wewnątrz
Lecz czasem umyka na zewnątrz
Oblany rozumem nie umie
Ba niczego nie rozumie.

Bywa zwykle załamany
I często nawet nie za lepszy
A nocy mówi dzień dobry
I kłopot się ciągle w nim piętrzy.

Bo rozum na zewnątrz jest większy
A wewnątrz się rozum rozprasza
I różne herezje wygłasza inaczej
Weseli się cieszy i skacze.

Coś jeszcze

Jak wrócić do normalności
Chociażby nawet o połowę
Niechcący przywalić młoteczkiem
I rozum jest w środku powraca gotowe.

Niewierny śpioch

Straszną mamy katastrofę
Spał gość ukradli pod nim sofę
Niedługo już świtać zacznie
On w powietrzu smacznie chrapie.

W górze kołdra i poduszka
Nagle się pojawia wróżka
I przemawia jemu we śnie
Obudź się jest już nie wcześnie.

Człeku mówi do cię wróżka
Obudzisz się nie wstawaj z łóżka
Bo połamać możesz kości
A nawet uszkodzić wnętrzności
I grozi ci chorobowe.

Nie uwierzył sen się spełnił
Stało się wstrząśnienie mózgu
Spadł na głowę przez niewierność
To wygląda na bezczelność.

Odchyły

W rządzie sądzie i na boku
Odchyły są o na każdym kroku
Na wielkim osiedlu w bloku
Są normalnością i prawem ciążenia

Lecz to sytuacji nie zmienia.

A co najbardziej ciekawe
Odchyły już stały się normą
Związane na przykład z reformą
Odchylony nie znaczy krzywy.

Albo chory na umyśle
Zatrudniony w biurze w polu
Czy może fabrycznym przemyśle
Proszę o chwilę uwagi.

Jak zmierzyć stopień odchylenia
Bardzo prosty przy użyciu waserwagi
Sposób ten jest powtarzalny
Gdy rtęć buja się po środku
Wtedy odchył jest normalny.

Spór o piekło

Do prasy wiadomość przeciekła
Właściwie to tylko jej stwór
To coś jak wiadomość z piekła
Wyrazów niesmaczny twór.

A ten co wymyślił piekło
Czy jemu tak się upiekło
On powinien dawno siedzieć
A nie z prasy się dowiedzieć.

Mądry straszy k... mać
By się głupi musiał bać
Trzeba sobie wyobrazić
I być chorym tak przewlekle

Coś jeszcze

Żeby wypisywać bzdury
I promować piekło w piekle.

Proszenie pani

Misiu otwórz niech nie moknę
Na dworze tak ciemno wiatr deszcze
Chyba pani się nie wstydzisz
Przykro mi że mnie nie widzisz.

Proszę cię odemknij kotku
Przedstawię się jak będę w środku
Oferuję dobrą pracę
I za wszystko sama płacę.

Ugadała pani Misia
Jak otworzył śpi do dzisiaj
I w tej pozycji zostanie
Czekając na zmartwychwstanie.

Zakrop

Coś go kusi choć nie musi
Spróbuj zakrop nic że pali
Zajaśnieje w mózgownicy
I ktoś z góry to pochwali.

Teoretycznie zakropił
Zmęczył się szkoda nie dopił
I znalazł się na środku rzeki
Na łódce wodnej przecieki.

I nawarzył przy tym piwa
Ale sen się skończył wkrótce

Dobrze że chociaż na odwyku
Da się pomarzyć o wódce.

Niesłychanie

W filharmonii trwa opera
Słuchaczom na sen się zbiera
Mają powód do zadumy
Na promocję przyszły tłumy.

Bo to być ma wielkie dzieło
Kurtyna i się zaczęło
Na początek ktoś pogdera
Słuchaczom na płacz się zbiera.

Ktoś rozpłakał się rozkosznie
Inny się wywrócił w loży
A reżyser tak się zmęczył
Aż na schodach się położył.

Nagle ton się zmienia w miękki
Dyrygent zrobił się giętki
Pałki mu wyrwało z ręki
Komuś pękły majtki z gumy
Skrzypcom wygięły się struny.

Gitarzysta z bólu zawył
Akordeon się w pół rozerwał
Organy owiało zachwytem
A pianino robi kino
Z baru znikła wódka wino.

A opera była ostra
W telewizji głośno o niej

Coś jeszcze

Scenariusz stworzyła siostra
Służąca od dziecka w zakonie.

I długo biedaczka pościła
Wśród krzewów pagórków i malin
I przeszła tym do historii
Jak dzielny towarzysz Kalim.

Szyny w górze

Na rządowej stronie w Cenie
Wykonano zamówienie
Wszystko już wypromowano
I puszczono na antenie.

Roboty trwają w najlepsze
Już są prawie w drugiej premii
Od rana trwają aż się ściemni
Szyny układa się w górze
Aż cztery metry od ziemi.

A dlaczego tak się dzieje
Bo ziemia drogo kosztuje
Z tego względu wykonawca
W powietrzu szyny montuje.

Niedźwiedź łeb wychylił z nory
Przeciągnął się na przeciągu
Ślepia zdziwiony przeciera
Świst słychać a nie widać pociągu.

Spojrzeć w oczy

Oczy ważne tak jak racje

Oceniają sytuację
Dobrze że mamy oczęta
Więc możemy zapamiętać
Każdą sprawę to ciekawe.

Tętno w górę może skoczyć
Wiesz jak wysoko możesz podskoczyć
Zamrugała zwinna łania
Do jelenia z łysej górki.

Skutek trzy dorodne łanie
Takie spojrzenia działanie
Oczy wspomagają uśmiech
Wydech wdech i nawet smak.

Na brzydkie oczy nikt nie da
Ale na ładne to tak
Szanuj oczka i śpij dużo
Niech ci całe życie służą.

Stroń od farby i od ciemni
I oglądaj piękno ziemi
A dopóki serce kołacze
Musi być tak i nie inaczej.

Koń na łyżwach

Kucie koni już nie w modzie
Niech się dowie cały lud
Koń na łyżwach śmiga w zimie
I to jest prawdziwy cud.

A na saniach siedzi poseł
Bogaty nie w ciemię bity

Coś jeszcze

Opatulony w kożuchu
Śnieg na dworze mroźny luty.

Koń kuty na cztery łyżwy
Posuwa się na lodzie gładkim
Bez szalika koszuli i majtek
Z gołą głową i bez czapki.

Któż się znęca nad konikiem
Hrabia ekonom czy ciżba
Na dworze minus czterdzieści Celsjusza
A biedny koniczek na łyżwach.

List Ewy

Ewa sama napisała
W raju list do Adama.
Nie pomogła jej sąsiadka
Ciotka siostra ani teść.

Cześć
Do męża:
        Widziałam węża kusił mnie
        I prosił mnie ten nieczysty
        Nie ugryzę jabłuszka
        Bo wczoraj byłam u dentysty.

        Powiedział że zęby mam słabe
        Chociaż wyglądam na zdrową babę
        Pomyślałam sobie jutro mamy niedzielę
        To jabłuszkiem się z Adamem podzielę.

        Dziękuję ci powiedział zły
        Droga Ewo i schował się za drzewo

A dalej to już wiadomo.

Od tylu wieków już nie wrócili
Do raju pierwszego domu
I to taka wpadka
Z powodu jednego jabłka.

Skok na kasę

Skoki wzwyż emocje dają
W sporcie za to nagradzają
Są medale duże brawa
Normalność zwyczajna sprawa.

Ktoś wymyślił jednak z czasem
Wyczyn zwie się skok na kasę
Nie ma nic wspólnego ze sportem
Chodzi o bankowe nasze.

Udziały są damsko- męskie
A i skoki bardzo częste
Przydarza się niekiedy w rządzie
A często kończy też w sądzie.

Skok to rodzaj jest nijaki
A wynik skutkuje do paki
I bez względu na pogodę
Darmo chlipie w anclu wodę.

Senne marzenia

We śnie wygrał w totolotka
Oko w oko się z lwem spotkał
Został nawet wielkim królem

Coś jeszcze

I dogadał z samym asem.

A tymczasem
Gdy otworzył oczy z rana
Mundurowy stał przy łóżku
I znęcał się nad materacem
I rzekł do niego krótko
      Pan policzy ja zapłacę
      Sto złotych za szybką jazdę
      Koszty za rozbitą Mazdę
      Za wymuszenie na pasach
      Punkty i dwa lata w zawiasach.

Gość zrozumiał glin nie kłamie
      Dziękuję że ujął się za mnie
      Ale co tam k... mać
I dalej położył się spać.

Bo to sen był w drugiej turze
A w nim te kłopoty duże
I policjant zwykła ciapa
We śnie delikwenta złapał.

Tydzień od tyłu

Wszystko się raptem odwróciło
Tydzień się rozpoczął od tyłu
Po niedzieli sobota i piątek
Dalsze dni i znowu początek.

I okazało się że w tygodniu
Z lewej i z prawej strony
Stworzyły się dwie niedziele
I tydzień jest zakończony.

I tydzień teraz dni ma osiem
Odkryłem to nowość proszę
Należy się wyróżnienie
Już złożone zamówienie.

Gość i kładka

Na rzece kładka
Pamięta Władka od urodzenia
On ją zbudował do przechodzenia
Starał się może bardziej niż matka.

Czas zrobił swoje kładka zmurszała
Była zmęczona i ciągle drgała
Emerytura jej przysługuje
Któż się postara nową zbuduje.

Władek stareńki pokręcił głową
Na stare drzewo farbę położył
I zakończyło się to przygodą
Na nowej kładce popłynął z wodą.

Teoretycznie to nowa kładka
Ale praktycznie to duża wpadka
Kładka zaściela dno małej rzeczki
Władzio w niebiesiech w trakcie wycieczki.

Nowe i stare nie idzie w parze
A to dotyczy tak wielu zdarzeń
I stąd ta wpadka
Winna jest kładka z przyczyny Władka.

Piaskiem po oczach

Żądać kłamać kombinować woleć
Trzeba się dobrze wyrabiać
Bo może zaboleć
Zakończyć jak zwykle fiaskiem.

Woleć być sprany po tyłku
Dla przykładu paskiem
Aniżeli po oczach
Posypany piaskiem.

Życie to nie bajeczka
A los często bywa twardy
Cukier bywa kwaśniejszy
Od zwykłej musztardy.

Piaskownica służy do piasku
A nie do kapusty
Oj poszalałoby się poszalało
Ale portfel pusty.

Kto umarłemu pomoże
Żeby wrócić stamtąd
Tak naprawdę to on nie decydował
Żeby iść do tamtąd.

A właściwie to po co
Ma wracać z krainy wieczności
Żeby wszystko bolało
Ze zwykłej starości.

Księżyc i Leon

Leon emeryt generał
Ciągle się ze sobą spierał
Raz się ubierał raz rozbierał
I na księżyc się wybierał.

A w okularach przebierał
Leon niezłym był kolarzem
Nie stronił od silnych wrażeń
Zawsze pierwszy i w czołówce.

Pomyślał ja im pokażę
Dotrę na księżyc na kolarzówce
Pedałował cztery nocki
Aż zabrakło mu paliwa.

Lecz gdy kręci się po nocy
W ciemno drogi nie ubywa.
Na próżno się więc Leon dręczył
Pomylił się raz i źle skręcił.

Ale zmęczył się solidnie
I zawrócił się ku słońcu przebojowo
Jest inaczej dużo widniej
Biedniej znaczy nie różowo.

O liderze

Lider to przodownik pracy
Trafiają się tacy nie zawsze jednacy
Taki to fachurę udaje
A słoma mu z butów wystaje.

Coś jeszcze

Przykład lidera:
A to łotr spawacza udawał
W odwrotną stronę metale spawał
Kiedyś pomalował powietrze olejem
Zamiast płakać to się śmieje.

Przygląda się i ma pretensje do pędzla
Obrzuca go za to błotem
A działo się to za wysokim płotem
Liderzy biegali w tą i z powrotem.

Na mrozie i zarazem słońcu na odludziu
W fabryce prania brudnych pieniędzy
Frajerzy na rowerach bez powietrza
Sytuacja nie najlepsza.

Cztery strony

Ale ambaras cztery strony naraz
W którą się udać w prawą czy w lewą
A może ostro skręcić na prostą
Nie to już było może do tyłu
I nastał problem z podwójną siłą.

Kluczył kolega w nieznane zalazł
Właściwej drogi nigdy nie znalazł
Więc zastopował i przetarł czółko
Wpadł na pomysła kręci się w kółko.

W prawo i w lewo i naokoło
Zadowolony jest mu wesoło
Czyni uśmiechy jest wniebowzięty
Na cztery strony i z całym światem
Tak poruszony został wariatem.

Zeus i Cezar

Wspominając czasy stare
Zeus pożarł się z Cezarem
Poszło o tą tam Temidę
Zeus trzasnął w piramidę
Chociaż była mocno stara
Lecz była własnością Cezara.

Zeus nie miał jednak racji
Autko poszło do kasacji
Cezar niezrównoważony
Poprzebijał mu opony.

Zeus oddał mu z kretesem
Pomyślał ja bogiem jestem
Powiedział że Cezarowi daruje
I zasieje ciszę z makiem.

Cezar ma napompować opony
Swoim własnym buziakiem
Cóż Cezar się długo nadymał
W końcu puścił nie wytrzymał.

Została po nim legenda
Przepadła mu jednak emerytura
Musiała być bardzo droga
Boska Zeusowa fura.

Braki pokraki

Ciągłe braki miał pokraka
Sytuacja tak nijaka

Coś jeszcze

Z powodu swojej pokracji
Znalazł się w tej sytuacji.

Nie odnalazł się w systemie
Spać nie może tylko drzemie
I wynikła sprawa taka
Ukradł jabłko wpadł pokraka
I kiedy trafił do paki
To zrozumiał skąd te braki.

Pilnowany w dzień i w nocy
Teraz ważny jest pokraka
Omija go każda draka
I szczęśliwy jest pokraka.

Za co żyć

      Jak tu żyć narzekał osioł
Bo nie znalazł się w programie
Przez lata im żarcie nosił
Teraz rzekli   zdychaj chamie.

Ustawowo to w porządku
Tyra do samego piątku
Ale ma słabe wypłaty
A tu raty ma do spłaty.

Ale osioł był niegłupi
Głupio umrzeć przez lodówkę
Udał się do magistratu
I prowadzi odwykówkę.

Burmistrz oczy w okno wlepił
Nowość osioł nigdy nie pił

A z czego to teraz go leczyć
A że jest chory jak zaprzeczyć.

I paragraf się wnet znalazł
Osioł nie pił i nie pije
Ma się nieźle nie narzeka
Order mu okala szyję.

Znalazł się w końcu w programie
Nie pijesz a leczą cię chamie
A niech to porwie i licho
Jak wypijesz to siedź cicho.

Boli

Boli głowa nogi płuca i nerki
Nie od pracy leżenia i poniewierki
Tylko od stresu i przejedzenia
Od kontroli najczęściej zaboli.

Daje w kość i wydziela się złość
Niknie radość i wykrzywia buzię
Oczy trzeszczą i robią się duże
Podobno bóle wywołują rodzinne burze.

Wszystkiemu co jest niedobre są winne
Zdarzają się i tego nie ukryjesz
Cóż głową muru nie przebijesz
A jak już nic nie boli to nie żyjesz.

Nieświadomie

W pewnym mieście tak się stało
Aż strach wyjrzeć na ulicę

Coś jeszcze

Na placu tuż przy kościele
Ustawiono szubienicę.

Naród zaczął się pocieszać
 Boże kogo będą wieszać
 Ktoś tu popadł i u kogo
 Broń Boże na śmierć tak srogą.

Pojawił się burmistrz nad ranem
Odrzekł krótko   ja jestem tu panem
 Z tej sytuacji wynika
 Czekamy na ochotnika
 Radzę by ktoś się pospieszył
 Ot tak po prostu się powiesił.

Burmistrz wrócił do urzędu
A co teraz myślą ludzie
Jak zrozumieć ktoś taki co nie zawinił
Za darmo powiesić się pójdzie.

To niechybnie sprawa nagła
Trzeba będzie szukać diabła
Ale diabła nie pośledzi
Upił się i kaca leczy.

Drugi podpadł i już siedzi
Trzeci nieświadomie bredzi
Powiesić się po pijanemu
To nabawić się nowych problemów.

Nie ma diabła w całym mieście
W knajpie w kantynie areszcie
Kto zawiśnie na tym sznurze?
Wbrew sobie i przeciw naturze.

I sprawę mamy ciekawą
Czy pan burmistrz złamał prawo
A co teraz zrobią ludzie
Jak to wszystko dalej pójdzie?

Trzeba będzie to rozpatrzyć
I odwrócić to oszustwo
Przewróciłem następną kartkę
Patrzę pierogi z kapustą.

Wyspa

Kupię wyspę i się wyśpię
I to już niedługo w maju
Bo innego nie mam wyjścia
Spać nie można bo gadają.

Nikt mnie o zdanie nie pyta
Nie chcą się do pana kłaniać
Za darmo chcą na mnie patrzeć
I muszę aż twarz zasłaniać.

Problem jest że muszę stracić
Za swoje pieniądze zapłacić
Nie jestem w darmowym programie
Gdzie wyspy nic nie kosztują
A wiadomości kłamią.

Rezygnuję niech żałują
To ich biznes i bolączka
Zamiast wyspy mam oferty
Jestem wdzięczny cały w pączkach.

Coś jeszcze

Biegam latem z Mikołajem
I koszyczkiem wiklinowym
Z wielkanocnym jednym jajem
I z wentylem zapasowym.

Coś o absurdzie

Co nazywa się absurdem
Pewnie coś śmiesznego kurde
Głupi napis na matoła czole
Cycki na górze zamiast na dole.

Posiada fabrykę moli tak woli
Nie ma czasu nie myje się i nie goli
Absurdalnie się ubiera
Wciela w nietypowe role.

Pomylił koszulę z majtkami
A na plecach tatuaże
Zablokował wolną wolę
I zachód słońca na dole.

Chyba trochę przesadzone
Zauważyły fruwające motyle
I o absurdach na dzisiaj tyle
Przestanę bo się pomylę.

Dobry cesarz

Był cesarzem całe lata
Kochał naród ojca brata
Babkę teścia i teściową
Żonę konie i synową.

Lecz przypadkiem na ulicy
Zamiast starej czarownicy
To ukłonił się sąsiadce
Starego hrabiego matce.

Czarownica to widziała
Dziwna i zazdrosna była
To się w węża zamieniła
I cesarza ukąsiła.

Umarł cesarz z przyczyny węża
Cesarzowa traci męża
Ciotka wnuczka babcia wuja
Czarownica w gąszczu buja
I wygina się jak sprężyna.

Kłopoty Ambasadora Franze Rudolfa

Ambasador Rudolf Franze
Wpadł w wielkie tarapaty
O mały włos byłby stracił
Żonę dziecko połowę chaty.

Przez jedno słóweczko danke
I przez żonę własną Hansę
Zachwiało to na porządku
Ale zacznę od początku.

Rudolf był ambasadorem
I rozmawiał raz z Germanką
Anną Zuzanną barmanką
Swoją prywatną państwową rozmowę
Tak zakończył słowem   danke.

Coś jeszcze

Dam ci danke to ta Danka
Żona spojrzała na Franza
I rzuciła z tą obrazą
W męża wazą.

Zabiorę się za ciebie Franze
Z głowy wybiję ci francę
Byś się wstydził tak przy dziecku
Wspominać jakąś kochankę.

Teraz to ambasadorze
I prezydent nie pomoże
Taka zdrada i w dzień biały
Wrzeszczy Hansa to jest powód
Jutro weźmie z Franzem rozwód.

Franze leży na dywanie
Unieszkodliwiony panie
Szepcze żonie i tłumaczy
Że to wszystko jest inaczej.

Żona tego nie kupuje
Pewna jest że właśnie Danka
Miała romans z jej to mężem
I uwiodła męża Franza.

Hansa się nie p...
Do szpitala zadzwoniła
Powiadomiła pastora
I do rządu i do sądu.

W sądzie już ostatnia szansa
Tak dla Hansy i dla Franza
Nagle Hansa zrozumiała

Że pomyłka nastąpiła.

I na Franza się rzuciła.
Tak go mocno pocałowała
Że aż starła z twarzy farbę
Mało nie przypłacił garbem.

Wyzwoliła czuły głosik
Teraz go na rękach nosi
I o wybaczenie prosi Franza
Super i wykorzystana szansa.

W kostiumie

Kostium opium i zagrycha
Niedźwiedź w lesie ledwie dycha
Nie zrobi kroku do przodu
To z powodu braku miodu.

Coś się stało miś się ruszył
Całą szarą sierść napuszył
Bo w kostiumie przyszła paczka
Jakaś dziwna i bez znaczka.

Miś otworzył osobiście
Patrzy jakieś dziwne liście
I zrozumiał proszę z rana
To była marihuana.

Zjadł więc listki uroczyście
Nagle zrobił się wesoły
Przebrał się szybko za niedźwiedzia
Później za wilka i śledzia
I paraduje w kostiumie

Coś jeszcze

Jak umie.

Jeż i tygrys

Ukłuł gdzieś tygrysa jeż
Tygrys wrzasnął   jeżu wiesz
   W co ukłułeś mnie ty zwierzu
Głupi jeżu.

Na to jeż choć głupka zgrywa
Do tygrysa się odzywa
Ty masz głupi głos mamucie
Lecz przepraszam za ukłucie.

   To ostatni raz tygrysie
Jeż się zwinął w kłębek czeka
Tygrys popatrzył na jeża
I pomyślał dam mu spokój.

Tyle igieł to nie fraszka
To nie to co jeden kolec
Jak go dotknę lub uderzę
To dopiero będzie boleć.

Światło i ciemność

Gdyby światło nie świeciło
To byłyby tylko ciemności
A wesela też nie będzie
Jeśli nie zaproszą gości.

Miłość by w niej nie zakwitła
Gdyby męża nie pragnęła
Ciemność światłu towarzyszy

Nie pyta go i nie słyszy.

To samo odczuwa światło
Sprawdzić można i doświadczyć
I to na prostym przykładzie
Zgaś więc światełko w pokoju.

I się uderz młotkiem małym
Być może spadniesz ze stołka
Będziesz troszkę obolały
Masz siniaka zrób okłady.

To ciemności właśnie wady
A bez jasności rzecz taka
Nie widziałbyś i siniaka.
To przekonuje niestety.

Że zarówno ciemność jak jasność
Posiada wady jak również zalety
Pewnych zjawisk się nie zmierzy
Wszystko od Boga zależy.

Nic za darmo

Ogłoszenie:
Proszę oddam się za darmo
Weź mnie pani bardzo proszę
Lubię knajpę dużą gwarną.

Piszę książki i donosy
Nie mam dużo same drobne
Lubię się ubierać modnie
Śpiewam cudnie
Modlę się tylko w południe.

Coś jeszcze

Nagle się zaczęło dziać
Wszyscy chcą mnie strach się bać
Ustawiła się kolejka
Zapełniła się kafejka.

Ale w końcu pomyślałem
Trzeba będzie zmienić program
Na to nie będę mógł przystać
Ktoś mnie może wykorzystać.

W porę parną tak za darmo
A co jak się trafi pan?
Stracić można wolę własną
Sytuację mieć niejasną.

Koza

Zjadła sześćdziesiąt główek kapusty
A zostało jej tylko czterdzieści
Ale jeszcze nie jest syta
Ale jak to wszystko zmieścić.

Ale źle się zakończyło
Tych dwudziestu już nie zjadła
Poślizgnęła się na liściu
I biedaczka niestety upadła.

Aż pękła jej udowa kość
Koza ma wszystkiego dość
Ale bólu i kapusty
To takie są skutki rozpusty.

Stanisław Pysek Prusiński

Izabella i poligon

Anna Wojna armata Izabela
Nie próżnuje tylko strzela
Wystrzelała na okolicę
Wszystkie bomby
I granaty i naboje
Jak wyjrzałem aż się boję.

Cicho wokoło dym się snuje
Pole całe poszarpane
Gdzie przeciwnik gdzie te ciała
Całe we krwi umazane?

Gdzie jest zgroza gdzie te trupy?
Zrozumiałem to porażka
To armata Izabella
Pokazała jak się strzela.

A ogólnie stąd wynika
Bo nie było przeciwnika.
Był lecz chyba urojony
Z pewnością wykolejony.

Małżeństwo

Małżeństwo:
Kałamarz to mąż
Atrament to żona
I pióro.

Wylejesz atrament to musisz przeprosić
Bez atramentu pióro nie pisze
Coś ktoś powiedział?

Coś jeszcze

Nikt bo nie słyszę.

Uschnie kałamarz bez atramentu
Pióro też będzie wtedy zbyteczne
Chociaż w małżeństwie nieraz się dymi
Można czuć się lepiej nawet bezpiecznej.

Noga i but

Jaka noga taki but
Lewy prawy bez różnicy
Kot się po czuprynie głaska
Zbój nie winny winna maska.

Taki czas niedobry nastał
Zbój raz mydłem się pochlastał
Aż mu krew trysnęła z rany
Ale czuł się oszukany.

Ale gazy nie żałował
Krew od razu zatamował
Zdjął obuwie i wcześnie z rosą
Do lekarza udał się boso.

Kartofle kontra ziemniaki

Na wsi gdzieś tam na Podhalu
Bywał kiedyś zwyczaj taki
Że kartofle posadzili
Ale kopali ziemniaki.

Przyglądał się temu Baca
Widząc takie oto dziwy
Kto tutaj jest normalny

A kto jest tu nieprawdziwy.

Kartofel więc jest normalny
Ale tylko jeden
Coś tutaj się pokręciło
Bo ziemniaków siedem.

Leser

Ale frajda legat rządzi
Taki pan w krawacie niebieskim
To kuzyn tego lesera
Że aż w płucach dech zapiera.

To chodziło o nawozy
A to taka niedorajda
Taki prosty osioł z sitwy
Co to kiedyś chciał się pociąć.

Nie miał za co kupić brzytwy
To ten należy do sitwy
Najpierw chwalił się że mądry
Wnet się winem zalał w trupa

Z tej narady nic nie będzie
Sama mu się rozwiązać
Nie ma takiego sposobu
By g... na supeł zawiązać.

Wrzask

Wrzask na sali o ustawę
O taką tam bzdurną sprawę
Burmistrz przyjechał Toyotą

Coś jeszcze

A powinien przyjść piechotą.

Bo teraz z budżetem jest krucho
To nie uszło mu na sucho
Toyota jest na przepadek
Dostanie ją radny Tadek.

Tadeusz i lider młodzieży
Samochód się jemu należy
Tak burmistrz stracił Toyotę
Teraz chodzi na piechotę.

Ale się los burmistrza odmienił
To Toyotę na Mercedesa zamienił
I znikła dziura w budżecie
Tak się robi a jak wiecie.

Zeus

Zeus był bogiem starożytnym
I to przez tak długie lata
Nieostrożnie igrał z ogniem
Udawał często wariata.

Przypadkiem gdy się jemu
Komnata od ognia zatliła
Hera wykorzystała ten moment
Konto mu w banku wyczyściła.

Po co miał się więc trząść z zimna
Nieraz i przez dzionek cały
Wolał zginąć honorowo
Spadając beztrosko ze skały.

Prawica lewica

Raz prawica raz lewica
Polityczne niespodzianki
Dzikie boje i podboje
Lecą noże kufle szklanki.

Wtem na salę wpada strach
Taki wielki aż po dach.
Ci z lewicy i ci z prawicy
Pogodzili się wspólnicy.

I zjechali do piwnicy
Żeby znów się zalać wódą
Przed następną obrad próbą
I rozróbą.

Pocałuj

Pocałuj prezydencie partię za poparcie
Teraz masz wszystko za darmo
Limuzynę kawior wycieczki i wczasy
Nowy zegarek i lampasy.

Szanuj nas prezydencie
Pilnuj się musisz wytrzymać
Nie daj się wyrzucić
Bo nie będziesz mógł z powrotem wrócić.

Próbuj

Próbować możesz bo bez próby
Może dojść do zguby
Próbuj powoli

Coś jeszcze

Przestań próbować jak mocno zaboli.

Mów prawdę staraj się nie kłamać
Nie zginaj się zbyt mocno
Bo możesz się kiedyś połamać
W odwrotną stronę.

Śledzie spożywaj z odciętym ogonem
Nie używaj balona w grudniu
W pogodę paskudną
Bo cię wciągnie powietrze po południu.

Pogaduszki

Jedna duszka druga duszka
Mały lasek wąska dróżka
Dwie bardzo rozmowne wróżki
Spotkały się na pogaduszki.

Komu wróżyć i jak wróżyć
Jaką przyszłość przepowiedzieć
Kto zostanie dyrektorem
Kto złodziejem a kto pastorem.

Komu w życiu się powiedzie
To objada się kawiorem
Cóż a wróżby dziś nie modne
Wszyscy mają komputery.

Nie ma lasku bo wycięty
Dróżki ani kurnej chatki
Wróżki uciekły do miasta
I basta.

Sny kosztują

Sen trwa około ośmiu godzin
Obsługuje pojedynczo i udziela się rodzinom
Sny bywają przebojowe
Dziecięce bajeczno - różowe.

Ustalono dnia pewnego
Żeby sny opodatkować
Do budżetu wpłyną pieniądze
Proszę z tego nie żartować.

Sto poprawek do ustawy
Sen ciekawy cztery złote
Spokojny to już dwanaście
O seksie złotych trzysta.

Smutny pięćdziesiąt groszy
Dramatyczny dziesięć groszy
Wojenny to już cztery grosze
O śmierci grosz jeden.

I proszę.

Nic za darmo
Jak się nie śni będzie kara
A w niedzielę to podwójnie
Trzeba będzie za sny płacić.

Rok się skończył kwit dołączył
I odliczył od podatku
Trzeba będzie psia go mać
Chyba od dziś przestać spać.

Chłopak i lody

Chłopak młody kręcił lody
I sprzedawał je na wodzie
Kiedyś lody w modzie były
I na rynku i w przyrodzie.

Można było się wzbogacić
Kręcić lody i nie płacić
Ale można również stracić
Samemu się przekabacić.

Kręcił lody chłopak z Baśką
I się cieszył i dotykał
Nieraz to się nawet zmęczył
I jak komar w lesie bzykał.

Nagle co to coś się stało
Powstał inny mały lodek
Kto to za to będzie płacił
Myśli chłopak młody Włodek?

Antek trochę się zagapił
Bo mu Włodek polał wody
Teraz Antek i jedna taka
Przewijają małego słodziaka.

Myśliwy

Myśliwy się kiedyś zaczaił
Na grubego zwierza
Nie przewidział że lew potężny
Zajść z tyłu go zamierza.

A zatem ten upatruje
Zwierzynę z bliskości
A tymczasem lew z tyłu
Pochrupał mu kości.

Jak polujesz to myśl trochę
Aby dobrze było
Patrz nie tylko do przodu
Lecz miej oczy z tyłu.

Lekarz i teściowa

To przypadek całkiem nowy
Przydarzył się pewnej teściowej
Co cebuli się najadła
Zasłabła i na ziemię upadła.

Lekarz pani nie chciał wąchać
Zmierzył tętno dotknął w szyję
Stwierdził krótko brak oddechu
Tak mu przykro że nie żyje.

I wypisał akt zgonu
Po czym udał się do domu
Lecz teściowa mocna była
Gdy cebula sok puściła.

Zerknęła na kartkę zgonu
I na życiu swym pieczątkę
Poszła szybko do doktora
Oblała go zimnym wrzątkiem.

Coś takiego się zdarzyło
Aż na dworze się ściemniło

Coś jeszcze

Lekarza to nawet szkoda
Choć dziwna to była woda.

Obok siebie

Obok siebie są oboje
On i ona swój i swoja
Wujek w cioci się zakochał
Ona mówi   on jest mój
On powiada   ona moja
To już jakaś paranoja.

Oni bardzo się lubili
Choć się czasem pokłócili
A jak przyszło co do czego
To się zawsze pogodzili.

Oni mieli się ku sobie
Bo patrzyli tak na siebie
On to bez niej się nie ruszy
Ona trzyma go za uszy.

On za nosek ją podgryzał
Trzeba było to polizał
Na wakacje się wybrali
Aż do Francji do Paryża.

Zatroskany ojciec

Tata spóźnił się do chaty
O dni aż czterdzieści cztery
W tecze przyniósł jedno piwo
I jakieś dziwne papiery.

Tato nie był urzędnikiem
I nigdy papierów nie nosił
Ale wtedy wczesnym rankiem
Wrócił i mamę przeprosił.

Tyle dni roboczych stracił
Cały urlop długi zgubił
A tu jakieś papierzyska
I bardzo zdrowiem przypłacił.

Gdzie był tato kto to zgadnie?
Może w pracy na harówce
Mama nawet posmutniała
Po tej taty odwykówce.

Remont

Pisze zięć do Ameryki
Mamo już zrobiłem remont
Cały dom już wykończony
Trochę to mi pomógł Leon.

Kasia teraz na wakacjach
Odpoczywa sobie miła
Bo ten remont to kosztował
I się Kasia narobiła
A pieniądze się rozeszły
Przyślij więcej mamo proszę.

Mama nie jest taka głupia
I nie kupi takiej lipy
Więc włączyła satelitę
I uruchomiła chipy
Teraz wszystko się wydało

Coś jeszcze

Że z wrażenia aż usiadła.

Zięć przepuścił całą forsę
Córka w jakiś obłęd wpadła
A mama poleciała samolotem
Domyślasz się co było potem?

To podpowiem jak byś zgadł
Dym się zrobił i spadł grad
Zięciu jest na chorobowym
I problemy mamy z głowy.

Odchudzić się to

Pożyw się to jest bez sensu
Tylko dziewczę litość wzbudzasz
Na wadze niewiele jest krucho
A ty ciągle się odchudzasz.

Coś takiego w biały dzień
Dzisiaj zwłoki jutro cień
Na śniadanie kubek wody
By nie zatracić urody.

A na obiad chleba skórka
Na kolację dwa wydechy
Tak się odchudzała córka
A co dalej to wiadomo
Jakoś pusto teraz w domu.

Lata budowy

Budowano całe lata
Tyle pracy i pomysłów

Ale teraz rozbierają
I po co to wszystko przyszło.

Założenia były dobre
Ktoś tam myślał i się trudził
Ale zapadł w sen głęboki
I gdy tylko się obudził.

To się rozejrzał i skamieniał
Winnych nie ma i przyczyny
Naokoło rumowisko
Ktoś tak mocno narozrabiał.

Po prawdzie to zniszczył wszystko
Kto to zrobił aż strach pytać
Zburzył domy i ogrody
Zatruł całe środowisko.

Może to wina człowieka
On to zrobił bo ucieka
Sama tylko goła ziemia
A dym od rana zaciemnia.

Rybak i ryba

Złapał chyba rybak rybę
Co się często może zdarzyć
Wyciągnął haczyki z wody
I próbuje rybkę smażyć.

Ryba kręci się na patelni
Jest bardzo przebiegła sprytna
Prosi   puść mnie z powrotem do rzeki
Kupię ci pół litra.

Ulitował się rybak nad rybką
Wypuścił na rzeczki podwoje
Ale będzie niestety
Musiał pić za swoje.

Wstyd

Namawia wnuczek babcię
Umrzyj co ci tam zależy
Po co się masz tak męczyć
Bardzo chora w leżeć w łóżku
A może ci babciu pomóc
I przykryć poduszką?

Tak dobrze to mi radzisz
Mój kochany wnuczku
Myśli babcia skrycie
Życie jest tylko jedno
I miłe jest bycie.

Nazajutrz wnuczek przybiega
I podnosi lament
Babcia umarła ale przed śmiercią
Zmieniła testament.

Zapisała mu w testamencie
Tak zdanie rozumne
Że kiedy ona umrze
Niech zapłaci za trumnę.

A gdy tylko to zrobi
Niech pożuje gumę
A wnuczek w tych okolicznościach

Wpadł w dużą zadumę.

Pożyczam oddaje

Chciał pożyczyć nie słyszano
A jak oddać to odwrotnie słyszeli
Tak się wściekał pan porządny
O mało go diabli nie wzięli.

Więc pomyślał najpierw oddam
Oni pewno to usłyszą
Ale oddać tylko ile
Nie pożyczą co oddałem.

Na co miał porządny liczyć
Nie słyszano chciał pożyczyć
Wymyślili jakieś weksle
Pod zastaw duszę na wiecznie.

Wkurzył się i na tę chwilę
Oddał im dwa razy tyle
Nie chciał już więcej pożyczyć
Na ten bank nie może liczyć.

Koń gryzoń

Ugryzł koń w ucho sąsiada
Co też sąsiad opowiada
Przecież koń ten jest bez zębów
Nie przeżyje bez otrębów.

Od lat dwóch na emeryturze
Koń aż zrobił oczy duże
A i minę nieciekawą

Coś jeszcze

I poszedł spokojnie na łąkę.

By rozejrzeć się za trawą
Szkoda konia
Trzeba będzie za nim iść
Może nawet pomóc gryźć.

Babcia i proszek

Zabolała babcię głowa
Więc użyła proszka
Sięgnęła po następnego
Patrzy Matka Boska.

Co takiego to złego
Ta babcia zrobiła
Że Matka Boska
Z rana jej się objawiła.

A Matka Boska przyszła
Żeby ostrzec babę
Proszę uważaj droga
Serce masz już słabe.

Ale Babcia nie posłuchała
I łyknęła proszka
I westchnęła raz ostatni
Witaj Matko Boska.

Spowiedź dziadka

Zapomniał się dziadek na spowiedzi
I rzekł żyję ze straszydłem
Pastor uznał to za grzech wielki

Trzasnął go kropidłem.

Kazał babkę przeprosić
I kupić jej kwiatki
Dziadek wrócił do domu
Patrzy nie ma babci.

Na drugi tydzień znów się spowiada
I przypomniał sobie
Że babka dawno nie żyje
A tak to nawiasem.

Bo on to nawet jej pomógł
Zakopał ciało pod lasem.
Nie było żadnego pogrzebu
Ani żadnych gości.

Więc na kwiatkach za pokutę
Zrobił oszczędności
Zamówił modły święte w kościele za kasę
Za pokutę się upił i leży pod lasem.

Rakieta

Wystrzelona w kosmos rakieta
Stanęła w pół drogi
Zapomniała o dżipiesie
Pomyliła drogi.

W którą więc lecieć ma stronę
W prawo lewo prosto
Czy wrócić z powrotem na ziemię
Czy polecieć w kosmos?

Coś jeszcze

Najlepiej myśli rakieta
Poradzę się słońca
Początek to miała wspaniały
Szkoda że bez końca.

Wojna i banany

Gdy uważasz że przegrasz wojnę
Lepiej nie zaczynaj
Gdy ktoś ma na ciebie napaść
To też go powstrzymaj.

Udzielaj się społecznie
Jedz owoce i banany
Będziesz zawsze lubiany
Oraz szanowany.

I twoje uczucie radości
Nigdy nie wygaśnie
Bo kiedy burzy nie ma
To piorun nie trzaśnie.

Twierdzenie

Twierdził że był politykiem
Lat czternaście się udzielał
Starał się nadstawiał karku
Wszystko było jak w zegarku

Lubił słońce i pogodę
Dostał order i nagrodę
Do tej pory był na fali
Aż go w końcu podsłuchali
I niestety przydybali.

Okazało się ale kłopotnie
Że wszystko było odwrotnie
Robił dziwy był na haju
Order dostał za oszustwo
Za cwaniactwo i przekupstwo.

Pękła fama i układy
Ośmiorniczki się przejadły
I skrzydełka mu opadły
Więc wyfrunął gdzieś za wodę.

I nie wróci tu nigdy więcej
Będzie tańczyć na emigracji
Tutaj czuje się bezpieczniej
A kto wie a może nie.

Janek i dwója

Dostał Jasio w szkole dwójkę
Odwrócił do góry
Nie było to raz pierwszy
Ale już tam któryś.

Wraca mama do domu
Jasio rzecze z rana
Mamusiu moja kochana
Znów dostałem piątkę.

Mama bardzo zmartwiona
Spojrzała kłopotnie
Wierzę Jasiu że się nauczyłeś wiersza
Tylko że odwrotnie.

Coś jeszcze

Za to że Jasio skłamał
Dostał cztery pasy
Jutro będzie musiał wchodzić
Lecz tyłem do klasy.

Lizus

Lizał lody to już coś
Prosty dziwny łysy gość
Pospolity poszarzały
Nie ukąsi nie ugryzie
Tylko liże.

Bo lizanie to też praca
To coś co nawet wzbogaca
Ale czasem nie wypada
Gdy liże się córkę sąsiada
Dostał za to naganę nad ranem.

Ale ona też polizała coś
Za lizanie też ma lanie
Zasłużyła nie dostanie
Bo była lizana już
Cóż.

Wirus polityczny

Zarażona jest wirusem
Cała klasa polityczna
To posłowie senatorzy
Dyrektorzy naukowcy.

Tym to właśnie najmądrzejszym
Taki wirus nie jest obcy

W polityce nie przemija
Lecz często się z prawdą rozmija.

Wirus ten dotyczy przeważnie
Zarządzania i mądrości
Wirus ten zobaczyć możesz
Oglądając wiadomości.

Kiedy mówi taki patent
O szacunku i równości
Wtedy wirus się pojawia
W postaci małego ognika.

I na tego co przemawia
Dziwnym ogniem sika
Nie wszyscy jednak w to wierzą
Bo to stara lipa.

Sarna i wilk

Zalecała się sarna do wilka
Lecz bez wzajemności
Wilkowi nie zależało
Gonił ją z litości.

Kiedyś bardzo wkurzony
Głodny wypadł z lasu
Zapomniał się jej oświadczyć
Pochrupał zawczasu.

Zmarła sarna nie z miłości
Lecz z bólu pożarta
Ale nie na leżąco
Tak była uparta.

Spalone ognisko

Nerwy są niepożądane
Można przy tym stracić wszystko
Pani domu się wkurzyła
I rozlnieciła ognisko.

A do domu było blisko
I spaliło się ognisko
Razem z domem
I z dyplomem.

Nie ma się przeto i czym chwalić
Ale ognisko to można rozpalić
I tylko można nie ugasić
A i buzię przy tym skwasić.

Coś takiego się zdarzyło
I to w dwudziestym pierwszym wieku
Może to się pani śniło
Widać po człowieku.

Diagnoza

Doktor zbadał chorą panią
Przykładając jej słuchawki
I postawił tę diagnozę
To jest wina ostrej czkawki.

Panią tak mocno rzucało
A gdy jeszcze słońce świeci
To być może w tym przypadku
I ognisko się rozlnieci.

Stanisław Pysek Prusiński

Proszki więc przepisał pani
Skierowanie na kurację
Przydadzą się z tego powodu
W zamkniętym zakładzie wakacje.

Swoją drogą to i nawet
Może pani się pochwalić
Lepiej byłoby korzystniej
Tak po prostu krótko spalić.

Mama detektyw

Przeszła mama obok taty
W lewą stronę w prawą stronę
Powąchała długim nosem
I spytała   masz ty żonę?

Bo na pewno coś wyczuła
Aż wstrząsnęło ją niebogę
Tak ją mocno pocisnęło
I runęła na podłogę.

A się potem okazało
Gdy badanie jej zrobili
To w oddechu mamy było
Coś około trzech promili.

Można sobie wyobrazić
Jak cierpiała wtedy mama
Bo to nie jest takie proste
To jest najprawdziwszy dramat.

Tak za dobroć jest zapłata

Coś jeszcze

Ile miał promili tata?

Rozstali się na goło

Trudna sprawa że aż płakać
A i nie ma czego skakać
To nie miłe lecz tragiczne
Smutne powiem idiotyczne.

Ale rozstać się na goło
Niczego na sobie nie mając
Taki oto miał przypadek
Niby mądro- głupi zając.

Zającowa się wkurzyła
Niechcący trzasnęła go garem
Zrobiła to trochę za mocno
I potłukła mu gitarę.

Trudno rozwód trzeba brać
Struny pękły psia go mać
A adwokat z jednej strony
I adwokat zającowy.

Żąda więc odszkodowania
O ugodzie nie ma mowy
Zając żonę nienawidzi
Przyspieszyły wszystkie sprawy.

Sprzedał cały swój majątek
Koniec nie był za ciekawy
Zającowa też uparta
Też co miała to sprzedała.

Ale w końcu tak się stało
Zakończona cała sprawa
Lecz podwójnie głowa boli
Pozostali biedni i goli.

Cali nadzy i bez kasy
Po rozwodzie zwiali w lasy
Zając smutny stracił żonę
Zającowa w drugą stronę.

A adwokaci i sąd wielki
Wypili szampana z butelki
Za zdrowie obydwóch z niechcąca
Zagryźli kaszanką z zająca.

Podatek od oddychania

I nowa ustawa w nocy
Wyłania się w dzienniku
Mówią że ona jest w poprawce lepsza
I dotyczy tylko zwykłego powietrza.

W szpitalach za powietrze
Teraz trzeba będzie od teraz płacić
Ktoś musi pokryć koszty
Chory musi stracić.

Kto nie płaci to ten kradnie
I poniesie za to karę
Nie ma pieniędzy niech nie oddycha
Po prostu niech zdycha.

Bardzo się teraz martwią
Chorzy przewlekle i samotne matki

Coś jeszcze

Chcesz sobie pooddychać kochany
Płacisz więc podatki.

Nawet teściowa choć bogata
Łezki ociera po kryjomu
Cóż w szpitalu to się choruje
A oddycha w domu.

A jedna pani bez pieniędzy
Schowała się pod kołdrą
To ją natychmiast wykrył
Prokurator z kobrą.

I umarła biedaczka
Na jakiś dzień trzeci
Zostawiła rodzinę męża
Dwójkę małych dzieci.

To jest jakaś utopia
Nie zgadzam się na to i pieprzę
Żeby tak słono płacić
Za darmowe powietrze.

Przyznaj się

Przyznaj się i tak się wyda
Powiedziała bieda rankiem
A w lodówce same pustki
Ktoś w nocy ukradł firankę.

Krzesło ma tylko trzy nogi
Jakiś inny dziwny układ
Ja rozumiem żeby całe
Lecz ktoś jedną nogę ukradł.

A poza tym nic tu nie ma
Bieda też nie wytrzymała
I uciekła z tego pokoju
Został więc pijak samotny
W dziwnym transie po seansie.

Działania uboczne

Litery i prawa cyfry słupki
Zwątpienia marzenia kaprysy i zwody
Podstawą jest istnieć a życie stwarzają
Działania i skutki odwrotne przygody.

Ktoś zrobił dywersję i wysadził bombę
Miś przespał śniadanie słoń utracił trąbę.
A słowa się cisną na usta potocznie
To właśnie są w życiu te skutki uboczne.

Kabała

Kabała może dopaść i żyrafę
Skutek jest nieobliczalny
Schowała się więc pod szafę
Ale szyja jej wystaje.

Bardzo szkoda tej żyrafy
To przypadki są nieliczne
Skąd w ogrodzie zoologicznym
Właśnie szafa się znalazła.

Następuje teraz blef
Bo do akcji wkroczył lew
Ten się wkurzył i zaryczał

Coś jeszcze

Szafę wyrzucił z ogrodu
I normalnie wszystkie sprawy
Idą gładko i do przodu.

Kostka

Zagrać w kostkę to jest proste
Chociaż mocno możesz chcieć
Kostka ma kanciaste boki
I to jest niezwykła rzecz.

A na bokach są cyferki
Od jedynki aż do sześciu
Rzuca tata mama i dzieci
I teściowa oraz teść.

A wujek co z pracy wrócił
To od razu szóstkę rzucił
I wynika morał z tego
Szóstka ale nie dla każdego.

Desant

Wylądował na odludziu
I spadochron dobrze schował
Kluczył chował się po lesie
Bał się że go ktoś wyśledzi.

Nagle coś się poruszyło
W krzaku mały zając siedzi
I odzywa się ludzkim głosem
Powiedz hasło to się dowiesz
Czemu tutaj się znalazłeś
Lecz pamiętaj jestem szefem

Stanisław Pysek Prusiński

Ty nie będziesz tutaj rządził.

Skoczek - szepnął hasło złoty
Zając odpowiedział sypie
I dopiero się dowiedział
Że jest na bezludnej wyspie
A więc co się dręczyć bać
Skoczek poszedł sobie spać.

Spawać

Pospawano miedź ze złotem
Głupia sprawa tam wynikła
Może nawet trochę dziwna
Ale nawet trochę przykra.

Miedź ze złotem a co potem
I od nowa rwie robota
Oddzielono miedź od złota
Chcieć to mieć ale nie złoto.

Mówię po to choćby chcieć
To nie znaczy już je mieć
Mieć to można lecz nie złoto
I do sądu sprawa poszła.

Uwięziono niewinnego
Ale uwolniono osła
Bardzo sprawa się rozniosła
Żadnej zmiany nie przyniosła.

Chcieć to można i nie wiedzieć
To osioł powinien siedzieć
Bo ten pierwszy to miał miedź

Coś jeszcze

A złoto to może chcieć.

Zomo

Co to znaczy takie zomo?
Przeszło nie ma i się nie zdarzy
To coś takiego było
Pilnowało kominiarzy.

Dużo było braw i wieńców
Z powodu tych oblubieńców
Skrót jest prosty oryginalny
Na wykresie więc pokażę.

To jest bardzo proste z dali
Popatrz Ochroniarze Mali
Tacy ochroniarze mali
Kiedyś to dokazywali
Zapisano to w historii
I praktyce i w teorii.

Ktoś na górze podniósł rękę
A jak nucił tę piosenkę
To go malec ugryzł w palec
Później go przejechał walec
I tak dalej i tak dalej.

Gogo jadł chudą kanapkę
Wiatr mu zerwał z głowy czapkę
Siedział w sumie aż dwa lata
Na wakacjach gdzieś u brata.

Nikt nikogo nie przeprosił
Bocian zgarniał zając kosił

Lew zająca nakrył łapą
Miś granaty niósł pod czapą.

Ale sowa się wkurzyła
Piękną mowę wygłosiła
I ucichło w całym lesie
Lecz co jutro nam przyniesie
Tego nawet mądry nie wie
Po zamiarach i po śpiewie.

Niegrzeczny miś

Tak to się stało właśnie dziś
Narozrabiał mały miś
To wkurzyło misia mamę
Bo ten ubrudził jamę.

Musiał szybko z jamy wiać
Ale kto tu będzie prać
Nie na pewno to nie tata
Bo on to za miodem lata.

I nie sąsiad stary kot
On dzisiaj naprawia płot
Osioł też nie będzie chciał
Bo go lampart dzisiaj sprał.

W końcu przyszedł stary tchórz
Sprzątnął szybko wszystko już
Ale też robotę spieprzył
A kto będzie teraz wietrzył?

Babka niewidoma

Niewidoma zwykła babka
Na weselu zapodziała dziadka
Dziadek złapał ją na cudzołóstwie
To kolejna babki wpadka.

Babka tłumaczy się uczciwie
Dlatego z tym obcym spałam
Bo myślałam że z tobą
Cóż nic nie widziałam.

Dziadek bardzo wkurzony
Z wrażenia aż usiadł na ziemi
I odezwał się do niewidomej babki
Choć był głuchoniemy.

Wózek i koń

Wózek jest mądrzejszy od konia
Myślał stary Józek
Bo on się tylko kręci
A koń ciągnie wózek

Jak koń to tylko usłyszał
Przestał ciągnąć wózek
Co mógł zrobić w tym wypadku Józek
Popatrzył na chmurki
Teraz wózek jedzie ale tylko z góry
Nabył nie tylko pędu
A nawet kultury.

Tylko jak wjechać na górkę
Jak wózek zachęcić

Trzeba będzie tę górkę
Po prostu odkręcić.

Obrok i koń

Koń obraził się na woźnicę
I ugryzł go w ucho
A to dlatego że zamiast trawy
Pan dał mu strawę suchą.

Gospodarz ucho wyleczył
Lecz dużo zapłacił
Kto gorzej był pokrzywdzony
Kto tu więcej stracił?

Teraz koń pokrzywdzony
Rozpacza nad ranem
Nie ma nic do jedzenia
Więc się wypchał sianem.

Strzelba i proch

Beze mnie nie istniejesz
Mówi proch do strzelby
Nadajesz się na złom
Pożytek niewielki.

Dobrze odrzekła strzelba
Może teraz to ty mnie posłuchasz
To ty jesteś nieużyteczny
Ty tylko wybuchasz.

Kto naprawdę jest ważniejszy
Proch czy strzelba taka?

Trzeba będzie się zapytać
Postrzelonego ptaka.

Godzina i minuta

Minuta jest ważniejsza
Czy może godzina
Ale początek godziny
Od sekundy się zaczyna.

A może od minuty
Ważniejsza jest sekunda
Właśnie teraz się rozegra
Już następna runda.

Gdyby tak zacząć
Nie od sekundy ale od minuty
W ciągu jednej godziny
Sznurowałbyś buty.

I dlatego rachunek jest prosty
A tego przyczyna
Pierwsze miejsce ma sekunda
Drugie minuta a trzecie godzina.

Bandyta i jubiler

Okradł bandyta jubilera
I go laską zdzielił
Jubiler mu podziękował
Że go nie zastrzelił.

Dlatego go nie zastrzelił
Bo jubiler łysy

Tu chodziło o klejnoty
Życie to mu wisi.

Okazało się że złodziejem
Tym i bandytą był sędzia
Bo go sądził w masce
A jubiler go rozpoznał
Po żelaznej lasce.

Teściowa i zięć na roli

Upadła teściowa na ziemię
Coś jej strzyknęło w oku
Zięć chce pomóc mamie
Bo stał blisko z boku.

Niech mama się lepiej nie rusza
A był z teściem w zmowie
    Pobiegnę szybko do chaty
    Wezwę pogotowie.

Wrócił i to bardzo szybko
Bo w nie tydzień cały
Patrzy a teściowa siedzi i płacze
Poprosiłam śmierć by mnie nie zabrała
Aż zięcia zobaczę.

Ale się nie udała sztuczka myśli zięciulo
Los mu tak dokopał
Dlatego teściowa przeżyła
Bo teść jej nie zakopał.

Zbój i huśtawka

Zbój chciał zastrzelić gościa
Ten spokojnie się huśta na swojej huśtawce
Zbój pomyślał bardzo mądrze
Strzelę i nie trafię.

Nie będzie tak dzień cały
Czekał do niedzieli
Pomyślał położę gana obok
Zejdzie to się sam zastrzeli.

Ale zbój nie przewidział
A powinien wiedzieć
Bo tamten jak spadnie z huśtawki
To on pójdzie siedzieć.

Chory obłożnie

Pacjent chory obłożnie
Kręci się na łóżku
Na wszelki wypadek pół litra
Trzyma pod poduszką.

Myśli całkiem niegłupio
Śmierć przyjdzie i powie
To razem po setuni
Wypiją na zdrowie.

Przyszła po Władka z kosą
W drugi dzień po świętach
Władek tak był pijany
Że nic nie pamięta.

Śmierć powiedziała do Władka
Ja nie jestem chytra
Zabrała Władka ze sobą
I drugie pół litra.

Woda i ogień

Wodą ogień można gasić
Ale jak zapalić ogniem wodę
Za taki stan rzeczy
Wini się przyrodę.

Ognie zdarzają się gorące
A zarazem zimne
To jest prawo fizyki
I każdy to przyjmie.

Proszę więc spróbuj zapalić wodę
A ogniem zgasić odwrotnie
Dolač ognia do wody
I tak kilkakrotnie.

Z ogniem to trzeba walczyć
A wodę oszczędzać
I dlatego jak najwięcej czasu
Pod prysznicem spędzać.

Specjalista od wodnego dymu

Dym pochodzi od ognia lecz go można skroplić
W dymie można się udusić a w wodzie utopić
A po skończeniu szkoły polewania wody
Zdobywa się certyfikat ochrony przyrody
Następnie na dalsze nauki wyjeżdża do Rzymu

Coś jeszcze

By zdobyć specjalizację od domowej zgody.

I dlatego są w świecie tak duże zadymy
Ponieważ to tacy fachowcy wymyślają dymy
Widać to w polityce i nie tylko w Rzymie
Są całe rzesze ludzi pogrążonych w dymie.

I coraz to nowocześniej wytwarza się dymy
Dlatego na świecie jest coraz więcej zadymy
A nie tylko dotyczy to sportu i nauki
Bo głąby kapuściane rządzą i nieuki.

Spalony ogień

Ogień został za karę
Spalony na stosie
Ale wcale się nie zmartwił
Ma to wszystko w nosie.

A ci niewierni co ogień
Spalili na stosie
Będą musieli spożywać
Od dzisiaj surowe prosię.

Teraz to bez wyjątku
Czy stary czy młody
To zamiast za kierownicą jechać
Pchają samochody.

Bo w komorze silnika
Ogień się nie jarzy
Nawet i z tego względu
Strach miłość kojarzyć.

Stanisław Pysek Prusiński

Palacz rzucił palenie
Czym papieros ma przypalić
Same korzyści będą
Przestaniemy palić.

Kto jest za spaleniem ognia
Wszyscy powstawali
Ale niech go ociupinkę zostanie
Trochę niech się pali.

Kręcona woda

Chyba tę wodę pokręciło
Może oszalała
Zrobiła się jakaś mokra
Kręci się przelewa
Zatopiła ulice lasy
Miasta oraz drzewa.

Ale proszę nie narzekajmy
Na wodę zawczasu
Wybierzmy się po wodę nie do rzeki
Ale po wodę do lasu.

I wykopmy studnie
Na dalekiej gdzieś Saharze
Wody nie ma i lodu
Co na to łyżwiarze.

Niech tylko wody zabraknie
Nagle w twoim ciele
Raptem zrobiłeś się suchy
Ważysz tak niewiele.

Coś jeszcze

Przedtem ważyłeś sto kilo
Teraz zaś trzydzieści
Lat miałeś siedemdziesiąt
Teraz sto czterdzieści.

Oszczędzaj zatem wodę
Nie strugaj jelenia
Masz dużo jeszcze czasu
Do utopienia.

Nie polewaj dużo wody
I nie zmieniaj wody na wódkę
Bo w przeciwnym razie
Znikniesz z ufoludkiem.

Anioł i łysy

Objawił się łysemu anioł
Ten prosi aniele
Proszę cię tylko o włosy
A to tak niewiele.

Anioł odparł mu krótko
A było to wiosną
Że na takiej pustej glacy
Włosy nie urosną.

Zawiódł się łysy na aniołku
Bo ten go wykiwał
Wkurzył się tak okropnie
Włosy powyrywał.

W końcu się zorientował że źle zrobił
Krzyczy w niebogłosy

Że przez taką nieuwagę i prośby
Stracił wszystkie włosy.

Wpadł w obłędne wielkie nerwice
Z żałości aż zzieleniał
Powyrywał nawet i te włosy
Których nigdy nie miał.

Niewidomy niewidoczny

Nie widzieć to nie zalety niestety
Nie zrozumiemy nigdy tego
Co nie widzi i odwrotnie
Widzący zrozumie gdy to go dotknie.

Zabolało umarłego
Niebcoląco na stojąco
I zrobił czekając na to co się nigdy nie zdarzyło
To tak bardzo niemiło.

Ale dlatego nie żyje
Bo go nic nie bolało
Każdy kogo boli i przestanie boleć
Musi przedtem oddać stolec.

Bal na zimno

Bal na zimno a nie w zimie
To na ciepło i na polu
Głośnych dźwiękach wielkiej trąby
Przy cudownym rokenrolu.

A w gorącą i w noc ciemną
Depczą ludzie ziemię płodzą

Robią skręty brawurowe
I po pół litrze na głowę.

Filozofię szerzą dziwną
I na ciepło i na zimno
Na gorąco zimne flaki
Bo to dzisiaj zwyczaj taki.

Malarz bez farby

Rysownicy i malarze
Artyści i aptekarze
A niektórzy mają garby
Bo piją za dużo farby.

I dlatego długo żyją
Bo kolorowe płyny piją.
Namalował czarne chmury
Potem namalował słońce.

Wypił więc czerwoną farbę
I rysunek nieczytelny
Więc poprawił na zielono
I jest obraz życia.

Bez pokrycia i szacunku
Do malarskiego gatunku
Namalował muchę gołą
Dostał za to w lampę w nocy
Że aż mu świeciły iskry
Jeszcze długo po północy.

Stanisław Pysek Prusiński

Sąsiad i samochód

Wybiega sąsiad raniutko
Na ulicę z domu
Rozgląda się bacznie
Choć to dopiero trzecia rano
Żona jeszcze chrapie smacznie.

Otwiera drzwi do auta
Patrzy kartka zapisana
My wszyscy psychicznie chorzy
Pozdrawiamy pana.

Przeczytawszy tę kartkę
Zaraz szybko spalił
Usiadł za kierownicą
Papieroska zapalił.

Przez dwie godziny
Sam ze sobą grał w karty
Jak przegrał cztery tysiące
Zaczął głośno krzyczeć
Obudził obok sąsiada
Pieniędzy chce pożyczyć.

I strasznie jest wkurzony
Aż go trzęsie febra
Obiecuję że zaraz odda
Tylko się odegra.

Ale się nie odegrał
Więc obudził żonę
Powiedział że się z nią nigdy nie ożeni
I wszystko skończone.

Potem wyszedł z powrotem na dwór
By uciszyć wiatry
I zapalił samochód
Dzwoni do psychiatry.

Ale nikt nie odbiera
Gabinet nieczynny
Kto w tym przypadku psychiatra
Czy pacjent jest winny?

Zrobił to co potrafił
Bo więcej nie umiał
Gdybyś lepiej jego poznał
To byś to zrozumiał.

Mocarz

Mocny był jak zrobił przysiad
Coś trzasnęło nie mógł wstać
Może mu kręgosłup wysiadł
Musi milczeć czy się bać.

Siła piękno sport muzyka
To zalety są młodości
Ale tak z upływem czasu
To trzaskają często kości.

Moc fizyczna duch i słowo
W parze idą ugodowo
Może trzeba będzie nawet
Zamówić nowe bicepsy
Wtedy będziesz bardziej silny
Bojowy solidniejszy i lepszy.

Stanisław Pysek Prusiński

Upiekło mu się

Myślał że mu się upiekło
W szkole piekło w domu piekło
Bo z Jasieńka kawał lenia
Dziecko wcale się nie zmienia

Z matmy wczoraj znowu pała
Mama w domu nakrzyczała
Tatuś kazał sprzątnąć garaż
Jasiu rzekł nie wszystko naraz.

Za zakupy nie zapłacił
W psa sąsiada rzucił puszką
Pies mu zrobił takie piekło
Ugryzł go boleśnie w nogę
Tym razem się nie upiekło.

Pedał z gazu

Do nieba i to od razu
Przez to że dodawał gazu
Ale i na drugim gazie
Spotkasz się z duchami w bazie.

Jeden raz i na dwa gazy
Co tam linie czy zakazy
Nie do śmiechu i w pośpiechu
Już nie będzie robił grzechów.

Świeci słońce na pomniki
I wyryte takie słowa
Leży ten co lubił gaz

Niestety ostatni raz.

Hrabini i łódka

O hrabini i o łódce pokrótce
A hrabini się zwinęła
Kajakiem wypłynęła na morze
I ujrzeć brzegu nie może.

Namalował łódź z hrabiną
Nie miał farby zrobił śliną
Ale forsy nie żałował
Pustą tacę pomalował.

Chciałby takiej chwili dożyć
Pastor może nie odłożyć
I nazbierać jej nie może
Taka taca wielki Boże.

Spadł z nieba

Osioł spadł niechcący z nieba
Bo był nawet święty ponoć
I chciał się w rzece utopić
Udało mu się ochłonąć.

Skoro rzeka sama tonie
Trzeba więc ratować rzekę
A jak bieda ją przyciśnie
Wcześniej czy później sama wyschnie.

Ratowanie wyszło głupio
Lecz normalnie zgodnie z prawem
Osioł tak pogmatwał wszystko

I utopił się niebawem.

Ale trudno coś zaprzeczyć
Coś tam głośno protestował
Osioł ten to nie mógł pojąć
Czy siebie czy rzekę ratować.

Malował księżyc
Poszukuje go policja
Ale gość się dobrze schował
Ale za co go ścigają
Bo ten księżyc namalował.

A to było na procesji
I we święto w Boże Ciało
Namalował bez koncesji
Jakby tego było mało.

Przy księżycu to dziewica
Była taka całkiem naga
Nawet źle nie wyglądała
Ale w biuście trochę słaba.

Takie rzeczy na odpuście
D... ruszcie wielka pora
I odszukać tego gościa
Co to zrobił bez zgody pastora.

Malujący się tłumaczy
Zrozumcie mnie w takim razie
Mogę jeszcze dodać kwiaty
Lub anioła na obrazie.

Coś jeszcze

Ja nie czuję żadnej skruchy
Oddam wszystko za tę babę
Mogę nawet za nią umrzeć
Choć mam serce bardzo słabe
I umarło młode ciało
Czy musiało?

W coś takiego się pakować
Malarz nie przemyślał sprawy
Iść w piach przez d.. gołą
Niezłą musiał być pierdołą.

Urzędnik ze skarbówki

Sam sobie wystawi rachunek
I nie będzie z siebie zdzierał
Urzędnik na urzędzie
Z sumieniem się spierał.

Ale jak sobie wystawię za dużo
To może przepłacę
Najlepiej jak zrezygnuję
Przynajmniej nie stracę.

Wystawił rachunek na niewidomego
Na swój własny przydział
Ten na pewno zapłaci
Bo nie będzie widział.

I na pewno nie straci
Bo nie widzi za co płaci
Jak to łatwo się pomylić
A i honor stracić.

Stanisław Pysek Prusiński

Wada sąsiada

To że ze sobą rozmawia
To nie znaczy że się kocha
Uśmiecha się do siebie jest grzeczny
Normalny zwyczajny stateczny.

Kładzie się na ziemię i coś węszy
Liczy koła od samochodu
Światła z tyłu przekłada do przodu
Zwraca uwagę na luzy w kierownicy.

Nigdy nie zaparkował na środku ulicy
Któregoś dnia pomylił drzwi do samochodu
Wsiadł do bagażnika bo zapomniał o kluczykach
I długo szukał licznika.

Siedzi czasem za kierownicą
I z silnikiem długo gada
Rankiem nawet późno w nocy
Dobrze mieć naprzeciwko
Takiego mądrego sąsiada.

Tadek i zadek

Mały Tadek miał wypadek
Przypadkowo potłukł zadek
Tata zgłosił to by czasu nie tracić
ZUS będzie musiał zapłacić
Bo Tadek to na dwie strony
Także był ubezpieczony.

Na komisji doktor pyta
Jak to się naprawdę stało

Coś jeszcze

I jak było z tym wypadkiem?

Tadek zrobił straszną minę i powiedział
Było wtedy tak gorąco
To był piękny sierpień w maju
Tato urwał się z roboty.

Kupił łyżwy i to wszystko
Było duże lodowisko
Kiedy ósemkę zrobiłem
Wtedy właśnie się machnąłem
I na tyłek przewróciłem.

Takie miałem brzydkie wczasy
Tyłek boli z braku kasy
A wypadek to też praca
Nikt się darmo nie przewraca.

Zapłata

Jak za darmo to w porządku
Nie trzeba mówić dziękuję
Jak zapłacić to już gorzej
Teraz zgrzyty płacze Boże.

A więc towar się ogląda
Kaprysi i kombinuje
Myśl jest prosta i subtelna
I można aż nazwać ofiarną
Trzeba najpierw to zapłacić
I to samo wziąć za darmo.

Bo tylko głupi najpierw zapłaci
A potem kupi

Mądry też straci bo najpierw kupi
A później zapłaci.

Organy i człowiek

Pewien człowiek gdzieś z Sekwany
Czuł się zbytnio nie kochany
I pomyślał co mi tam
Niech wezmą moje organy.

I napisał ogłoszenie
Ja organy własne oddam
Kiedy tylko z miasta wrócę
To od razu je wyrzucę.

Co się stało?

Przyjechało pogotowie
Co pan powie aż wstyd mówić
Straż pożarna i lekarze
I policja przyjechała.

Lecz niestety proszę pana
Chciał oddać organy
Nie swoje własne
Ale te do grania.

Krowa i owca

Zwierzyła się owca krowie
Że jej mąż to osioł głupi
Ale krowa to mądrala
Ona to tego nie kupi.

Coś jeszcze

Ona dobrze zna barana
Że to dziwak sprawa znana
A że owca kocha osła
Sprawa szybko się rozniosła.

Baran mocne ma dowody
Osioł rzucił się do wody
Sędzia zdecydował w końcu
I się stało dwa rozwody.

Kasa i kłopoty

Kłopoty miała kasa
Ktoś ją okradł od środka
Bo czasem to i każdego
Przypadkowość taka spotka.

Ktoś inny okradł kasę
A przymknęli Włodka.
Wywieźli go do więzienia
Gdzieś za duże lasy.

I nigdy się nie dowiedział
Ile było w środku kasy.

Bo czasem to się ciekawość
Nie bardzo opłaci
Lepiej nie zaglądać gdzie nie trzeba
Można przy tym stracić.

Uczony i przyjemność

Pewien bardzo uczony
Na kresu życia progiem

Próbował się za wszelką cenę
Skontaktować z Bogiem.

Dzwonił często do nieba
I czasu nie tracił
Telefon do nieba miał za darmo
Uczony nie płacił.

W końcu uczony pomyślał
By nie bałamucić
Trzeba po prostu umrzeć
Rozejrzeć się w niebie
I z powrotem wrócić.

Błędne koło

Kto widział koło to wie
Że jest okrągłe
I na ogół to jest prawdą
Bo to jest twierdzenie mądre

Lecz kto widział błędne koło
Co to cisza naokoło
Jaka zatem jest różnica
Między zwyczajnym a kołem błędnym?

Czy te błędne jest okrągłe
Albo może kwadratowe
Czarne żółte czy niebieskie
Albo różnokolorowe.

Czy jest pełne albo puste?
Skąd się błąd w tym kole znalazł?
Gdzie początek a gdzie koniec?

Coś jeszcze

Pytań mamy wiele tak
Ale odpowiedzi brak.

Tak naprawdę w błędnym kole
Są zawarte alkohole
Każdemu się może przytrafić
Będzie krążył wokół
W końcu zdrzemnie się na polu
Albo gdzieś przy starej wiśni
To mu się tęsknota przyśni.

Mózgi na sprzedaż

Trzeba będzie już spróbować
I mózgi wyprodukować
I wymienić co niektórym
Trochę z dołu trochę z góry.

Czasem mózgi naturalnie
Są bardzo nieobliczalne
I potrzebne ostre rózgi
Żeby wyprać takie mózgi.

Teraz mamy komputery
Mają program taki różny
Problem w tym że w tej produkcji
Brały udział ludzkie mózgi.

Szczycić się więc nie ma czym
Wynalazki barbarzyńskie
Głupie niepoważne świńskie
Jakieś bzdury atomowe.

Głowice termojądrowe

Stanisław Pysek Prusiński

Skierowane właśnie w siebie
Jeden przycisk jesteś w niebie
I potężna w mózgu luka.

Zamiast szczekać psina kuka
Zamiast milczeć to się jeży
Ten tam płacze ktoś się śmieje
Nie wiadomo co się dzieje.

Koniec z boksem

Koniec z boksem z biciem w pysk
Niech szlag trafi taki zysk
Doktor wściekł się na pacjenta
Bokser daty nie pamięta.

Nawet kiedy się urodził
Kto go spłodził gdzie wychował
Kto go ochrzcił i dał imię.
Milczy tylko patrzy w dół.

Do doktora się odzywa
    Ty się wal prostaku w dal
Doktor się nie będzie walił
Medycynę mu przepisał
I skierował go do koksu
To mu się odechce boksu.

Słońce i ludzie

Dlaczego słońce świeci
A niekiedy się chowa?
Uczony stwierdził że nie nowa
Ale sprawa jest ciekawa.

Coś jeszcze

To wszystko jest w winy ludzi
Nie ma wątpliwości
Bo człowiek dla własnej ziemi
To nie ma litości.

Słońce zatem się chowa
Czasami aż groźnie błyszczy
Nie może patrzeć jak człowiek
Własną ziemię niszczy.

Okradziony

Twierdził że go okradziono
Ktoś tu musi ponieść karę
Został bez pieniędzy gitary i odszkodowania
Sędzia zajął się sprawą i zadał pytania.

Może okradła cię żona czy wnuczka
Swatka sąsiad matka narzeczona?
Gdy seria takich pytań od sędziego padła
Poszkodowany stwierdził że żona go okradła.

Za to że kłamał w sądzie
Dostał cztery baty
Ponieważ ten okradziony był kawalerem
I nie był żonaty.

Bohater i odwaga

Zabrakło nagle odwagi
Bohater się załamał
Stworzył o sobie legendę
Nazmyślał nakłamał.

A w końcu się wszystko wydało
Już na emeryturze
Że był przedtem zwykłym łajdakiem
Złodziejem i tchórzem.

A stało się to przypadkowo
Tak jak rosną lasy
Sytuacja uległa zmianie
Przyszły inne czasy.

Chłopak i dziewczyna

Chłopak dziewczynę oszukał
Skłamał zbałamucił
Obiecał że się ożeni
Lecz uciekł nie wrócił.

Dziewczyna zapomniała
Znalazła wkrótce męża
Wiadomo czasu potrzeba
Rozsądek zwycięża.

Były narzeczony wrócił
Zapukał i przeprosił lecz dostał nauczki
Bo było już za późno i wynika z tego
Że wnuczki które już były duże
Miały ojca innego.

Ryzyko zachorowania

Ryzyko zachorowania na raka
Tylko trzy procenty
To w przeliczenia na pieniądze

Coś jeszcze

Pięćdziesiąt dwa centy.

Myśli zatem Władysław
Urzędniczyna stary
Zarobił na swojej chorobie
Siedemset dwadzieścia dwa dolary.

Za prześwietlenie płuca czterdzieści
Trzydzieści za szyję
Nie jest tak i źle sprawa taka prosta
Raka u niego nie stwierdzono a została forsa.

Wyrok i nieżywy

Wyrok zapadł na nieżywego
Dostał cztery lata
Zginął zupełnie przypadkowo
Od zwykłego bata.

Bo chciał uderzyć konia
I tak się zamierzył
Że uciął własną głowę batem
Konia nie uderzył.

Wyrok zapadł w sobotę
Na samiutkie święta
To jest właśnie przestroga
Proszę nie bić i szanować zwierzęta.

Koń został spadkobiercą
Całą kasę rąbnął
Ale swojego pana na cmentarz
Za darmo nie ciągnął.

Stanisław Pysek Prusiński

Rysunek na wodzie

Namalował rysunek na wodzie
Został odznaczony krzyżem
Ten który go odznaczał milczy
Tylko uchem strzyże
Bo obrazy są modne to się teraz liczy.

Trzeba to zaakceptować
I żeby się nie narazić
Możesz wszystko co zechcesz
W wodzie wyobrazić.

I nikt ci nie udowodni
Nie odznaczy i nie skarze
Proszę wezwać straże
Zamknąć tamę bo ucieka woda.
A szkoda.

Nie płacz po alkoholu

Karać wszystkich co płaczą
Po spożyciu wódki
Zamknąć do więzienia zgubić klucze
Niech siedzi i się tłucze.

Obłożyć podatkiem vatem
Obojętnie czy zimą wiosną czy latem
Wszystkich bez wyjątku
Od urodzenia początku.

Nikt kto płacze po wódce
Przed prawem się nie ukryje
Ale tylko kiedy pije za swoje

Coś jeszcze

A przepuszcza czyje.

Ginekolog w ciąży

On sam się zbadał zaszedł w ciążę
Ale chyba urojoną
A to dziwne bo trzy lata
Śpi z sąsiadem a nie z żoną.

Żona także z nim nie spała
Nigdy by nie pomyślała
Lecz się w końcu dowiedziała
Że z nim ósmy miesiąc w ciąży.

Żeby ciąży nie przenosić
Musiał bardzo się naprosić
By zrobili mu porżnięcie.
Nie wolno mu teraz palić
Kłócić i marudzić.

Jeździ konno zbrojno
Noc miał miłą i upojną
I co dalej będzie z gejem?
To się dzieje.

Odezwa do narodu

Proletariusze powiedzieć muszę
Ale ostrożnie zaraz się wzruszę
Nie będę milczał prawdę wam powiem
Pijcie za swoją kasę za moje zdrowie.

Proszę o głosy i o poparcie
Mówię wam prawdę głoszę otwarcie

Gdy tylko wygram stworzę reformy
Podniosę płacę dam wszystkim pracę.

Nowe wam domy i auta kupię
Wszystkim zapewnia schabowe w zupie
Tak wam pomogę wszystko za darmo
I przyszłość jasną za forsę własną
Jak zarobicie to ją stworzycie.

Słońce uciekło

Ale zgroza koniec końcem
Wczoraj gdzieś nawiało słońce
Kto je ukradł nieprzyjemnie
Strach aż patrzeć na tę ziemię
Która taka jest wspaniała
Pomyślała stara baba.

Skoro słońce nie chce świecić
Jak to będzie teraz trzeba
Więc przykładem sobie świecić
My tu sobie gadu gadu
Ale dla świata to przykładu
Nie dajemy a żyjemy.

Ale słońce to tylko na chwilę
Ziemię opuściło
Rankiem znowu powróciło
I od nowa zaświeciło.

Komu to się nie podoba
Gdy nie widzi przyjemności
Lubi włóczyć się po nocy
To niech spieprza do ciemności.

Coś jeszcze

Bez paliwa

Bez paliwa coś takiego
To przypadek bardzo rzadki
Wariat uciekł do ogrodu
I policzył wszystkie kwiatki.

Ściąć je i na jarmark sprzedać
Jedzie wariat i się kiwa
Na rowerze bez paliwa
Stało się i nie dojechał.

Kwiatki uschły
Ale odżyły o dziwo
To była wina wariata
A może rzadkie paliwo.

Atak

Hej żołnierze
Kryjemy się w krzaki
Atak w krzakach się nie opłaca
I jest szansą do przeżycia.

Wróg niech walczy kombinuję
I poszuka aż słońce zajdzie
Tak się w krzakach zaszyjemy
To nikt w nocy nas nie znajdzie.

I miał rację dowodzący
Lecz ktoś pierdnął tam niechcący
Właśnie wtedy w tym momencie

Stanisław Pysek Prusiński

Tamci poszli do ataku.

Po żołnierzach i po krzakach
Przeszli tak nieprzyjaciele
A może to z powodu krzaków
Ale szkoda tych chłopaków.

Widok do góry

Patrzeć do góry trzeba i prosto
I daleko nie widzimy
Wszystkiego co może chcemy
I nigdy się nie dowiemy.

Ale jeśli czasem patrzysz
To musisz patrzenie przerwać
Bo z góry może coś zlecieć
I można normalnie oberwać.

A jak meteoryt spadnie
Co się stanie któż to zgadnie
Dużo biedy się narobi
I się można płaskim zrobić.

Napisałem patrzę w górę
I mam myśli jakieś bure
Może nawet trochę kuse
Muszę przerwać bo się wzruszę.

Zginęło czego nie było

Zginęły skarby trwa dochodzenie
Duże pieniądze panika wielka
Gdzieś przypadkowo w nieznanym banku

Coś jeszcze

Zginęła piękna różowa perła.

Jak to się stało?

Kto wie kto śledzi jaki jest układ
Słuchać i tego też nie jest miło
I do tej pory trwa dochodzenie
Kto coś to ukradł czego nie było.

Zmieniona trasa

Zmieniony pociąg zmieniona trasa
Zamiast do przodu to on się cofa
To niemożliwe i pierwsza klasa
Ktoś w tym pociągu płacze i szlocha.

Miało być prosto a są zakręty
Co to się stało panocku święty?
Zamiast nad morze pojedziemy w góry
Czując się bardzo blisko natury.

Dużo zmartwienia jest i zachodu
Bo kierownicę ktoś dziś zamienił
I zamontował w pociągu tyle
To tylko tyle.

Ukradli złodzieja

Ukradli złodzieja przypadkowo w banku
Inni złodzieje i zamiast złota
Głupia pomyłka brudna robota
I zmarnowana wolna sobota.

Wszystko się ponoć wkrótce wydało

Co teraz zrobić z takim złodziejem
Zrobić wspólnikiem bo szkoda kasy
Może zastrzelić albo oślepić.

Wysłać na wczasy czy wywieść w lasy.
A co tam puścić niech kradnie sam
Lecz niech się dzieli
I tu was mam.

Teściowa zięć i wampir

Wampir dopiec chciał teściowej
Myśli jak do niej się przydupić
Aby się jej przypodobać
Trzeba będzie kwiatki kupić.

Niefortunnie się złożyło
Bo gdy kupił śliczne kwiatki
To akurat tak wypadło
Było wtedy Święto Matki.

Wręczył wampir kwiatki matce
Do szyi się maminej bierze
Nagle do pokoju wtargnął
Zięciu na sportowym skuterze.

Sytuacja trochę głupia
Wampir mocno wkurzył i teścia
Ten też w obronie teściowej nie przestał
Że wampirek w szpitalu
Leżał tylko lat dwadzieścia.

I teściową wybawili
Od strasznych wampirzych mąk

Teraz mama zjada wszystko
Z dobroczyńców rąk.

W obronie teściowej

Dostał od teściowej córkę
Dom dwa samochody
Był przystojnym młodym zięciem
Choć już nie był taki młody.

Odznaczyła go medalami
Obsypała złotem
Sama biedna schorowana
Zmarła szkoda że pod płotem.

Zięciu tak bardzo lubił teściową
Tak mu zależało na niej
Rzekł skruszony i wzruszony
Poleż mamo jak ja umrę
Pochowanie będzie taniej.

Kot i myszka

Duża myszka nie wiedziała
Kiedyś przy sobocie
Podczas lotu w samolocie
Zakochała się w kocie.

Wyglądała z małej dziurki
Jak kot chlipał mleko
Myszka biegła się przywitać
I już było po niej.

Jak to wszystko się skończyło

To aż głupio nawet pytać
Trzeba czasem być ostrożnym
I nie wszystkich witać.

Zabłąkana kukułka

Zabłąkana kukułeczka
Chodzi drogi szuka
Zamiast pytać się o drogę
Nie mówi lecz kuka.

Trzeba zacząć trochę myśleć
I do drzwi zapukać
Ale drzwi to w lesie nie ma
Więc do kogo zapukać?

Wykukała trzy numery
Szkoda w końcu ją przymknęli
Uwierzcie
W areszcie przestała kukać nareszcie.

Pijany koziołek

Wódka może też zaszkodzić
Trudno leżeć co tam chodzić
Kozioł choć był dobrym tatą
To zagryzał wódkę watą.

Co wy na to?

Ale wata to nie trawa
Umarł kozioł głupia sprawa
Trudno umarł dobry tato
Ale co się stało z watą?

I to prawda z tego krótka
Zaszkodziła kozłu wata
Bo była gęsta i krótka
A nie wódka.

Katoliczka

Była dobrą chrześcijanką
Do kościoła biegła kłusem
Do spowiedzi szła ochoczo
Zawsze szczerze nie pod przymusem.

Grzechów nie robiła wcale
Może trochę w karnawale
Miała nieraz grzeszne myśli
Raz się kiedyś anioł przyśnił.

Był wesoły aż do pasa
I niechcący chuchnął duchem
Rozmawiała z nim długo
A on również patrzył na nią
Kto tu winny
Panna?
Anioł?

A stało się to w postny czwartek
A aniołem tym był Antek
Panna już jest inna taka
I spowiada się jak umie
Ale grzechy ma podwójne.

Więzień głuchy

Zamknąć dziada do więzienia
Trzeba zakuć go w łańcuchy
Gdy zabijał a nie słyszał
Bo on był po prostu głuchy.

Trzeba znaleźć inne wyjście
Może gorszy karny wydział
Ale więzień jak zabijał
To był ślepy i nie widział.

Kto pomyślał o pogrzebie
Więzień głupi zabił siebie
Bo nie widział kogo zabił
Przypadkiem się młotkiem trafił
Ale czuł że go coś boli
Czasem to się tak zmacholi.

Alkohole niszczą

Ludzie mają wolną wolę
Kto nie pije gryzie mole
Niszczyć zdrowie przy tym płacić
Jeszcze można wszystko stracić.

Ten co pije to go boli
Czasem trzęsie dziwna febra
I pochyla bardzo nisko
Można przy tym połamać żebra.

Czasem można się w rowie zbudzić
Bo wódka to nie jest dla ludzi
A dla kogo zatem wódka?

Coś jeszcze

Cicho i odpowiedź krótka.

Nie dla takich bez umiaru
Zgodnie zatem z prawdą starą
Łamie serca złości budzi
To jest napój nie dla ludzi.

Kajtek

Mały Kajtek zrobił kupę
Zamiast umyć dali w d...
Zamiast śmiać się trzeba płakać
Zamiast leżeć z bólu skakać.

Co miał począć mały Kajtek
Uciec z domu tak bez majtek
Przy tym i odmrozić coś
Nie jest głupi równy gość.

Majtki wnet się odnalazły
Znalazł nawet swoją fajkę
Nieźle słuchać tego brachu
Tak stworzyłem niezłą bajkę
Każdego to może dotyczyć
Gdy trafi na wytrzeźwiałkę.

Teściowa i śmiech

Przestań śmiać się bo nie wypada
Teść do zięcia tak powiada
Mama taka jest spokojna
Tylko trochę jakaś czarna.

Jeszcze głośniej zięć się śmieje

A kto śmieje się zawczasu
Teściowa rękę podnosi
Na ucieczkę nie ma czasu.

Atak serca zięć przykucnął
Nie rechocze jegomości
Odszedł gdzieś w dal niezbadaną
Ku wieczności.

Wkrótce sprawa się wydała
Bo teściowa nie umarła
Ona tylko tak udawała
I robotę wykonała.

Morał taki więc wynika
Bo to głupie i dlatego
Proszę więc się nie naigrywać
I podśmiewać z umarłego.

Teściowa i ryba

Usmażyła mama rybę
I zjadła ją całą
Cóż to zjeść samemu głupio
I ości zostało.

Zięć pozjadał wszystkie ości
Zrobił dziwną minę
Ale to jest dziwny numer
Gdzie znaleźć przyczynę?

Teściu tak się przejął sprawą
I ma inną wersję
Zięć nie żyje więc do kogo

Coś jeszcze

Można mieć pretensję?

Wisielec

Kto mnie odetnie ze sznura?
Płacze wisielec
Dzisiaj jest czwartek jutro Popielec
Może sąsiadka chociaż nie widzi
Albo teściowa ta to się wstydzi.

Może pies bury ten na łańcuchu
Albo pełzający wąż czy hipopotam
Ktoś obojętnie chociażby w ruchu
Czy nawet pszczoła brzęcząc przy uchu.

Osioł zatrzymał się je trawę suchą
Popatrzył w górę nadstawił ucho
Ten to wisielec co go pocieszał
Musisz pomyśleć później się wieszać
I poszedł osioł dalej na wieś
I ma to gdzieś.

Kreska zamożności

Gdyby były równe prawa
Dla bogacza i biednego
Świat by całkiem był odmienny
I wynika teraz z tego.

Że powinna zostać kreska
Zamożności nakreślona
Taki oto pan bogaty
Nie może przekroczyć miliona.

Jak się teraz z boku patrzy
To prawa ustala bogatszy
Ciągle gdzieś w papierach grzebie
A dla kogo wiadomo tak dla siebie.

Misio i spokój

Cicho siedzieć ma być spokój
Misio krzyknął na zebraniu
Co tam piszczysz lisie w kącie
Nie podoba to się panu
Będzie zastrzyk i po krzyku.

Hej tam byku przestań bekać
Nie ma mleka to twój problem
Pszczoło nie przestaniesz brzękać
To ci coś brzydkiego powiem.

Droga świnko po co chuchasz
Dla mnie możesz się zakochać
I odejść ze wstającym słońcem
Z tym oto koślawym zającem.

Nagle misio zamilkł przestał
I zrobiło mu się głupio
Naokoło same pustki
To przez cztery beczki miodu
Pomieszane z alkoholem
Zwidy i halucynację
Czy mam rację?

Zegar po alkoholu

Nie na sprzedaż nie do wzięcia

Coś jeszcze

Tylko precz na poniewierkę
Zegar odszedł raz ostatni
Zdążył tylko zwinąć ścierkę.

Żeby wytrzeć grube łezki
Pękł mechanizm pękły deski
Wskazówki i czas się w środku zatrzymał
Szkoda zegar szczęścia nie miał.

A przyczyną był alkohol
I pokrótce to tak było
W poniedziałek się ściemniło
A gospodarz wszedł do chaty.

Stanął w progu mocno chuchnął
Taki smród na zegar buchnął
Jak wiatr na otwartym polu
Koleś był po alkoholu.

Tak to wtedy się zaczęło
A wskazówki aż wygięło
I skurczyły się sromotnie
Ruszyły w lewo odwrotnie.

Mechanizmy powąchały
I sprężyny popękały
A właściciel narąbany
Odbił mocno się od ściany.

I przytrzymał się firanki
Runął pan we wczesny ranek
Kiedy tylko oczy przetarł
Patrzy zegar połamany
Więc wyrzucił go na pole

Mówiąc:
Wytrzeźwiej w końcu matole.

Granica wytrzymałości

Wytrzymałość duch i męstwo
Cechy bardzo pożyteczne
Tworzą nieraz sytuację
Również dziwnie niebezpieczne.

A granice tworzą państwa
Chamstwa dobroci pijaństwa
Granice mają ulice
Płoty okna i przecznice.

Trzeba zatem się obliczać
Żeby nie przekraczać granic
Czasem może się nie udać
I wysiłek cały na nic.

Może nie fachowo nawet
Ale jak tak chce się bardzo
I nie zdążysz zrobić tego
Co najbardziej czas przynaglił
Będzie wstyd a niech to diabli.

Mój kabaret

Kabareciarz to też człowiek
Młody czy w podeszłym wieku
Trochę sprytu i tęsknoty
Czas nawijać do roboty.

Trochę werwy i szczerości

I bajeru o wydechu
A publiczność bije brawo
Że aż tarza się ze śmiechu.

Ale czasem na płacz bierze
Żeby sławy się dochować
Brawa duże i oklaski
Trzeba dobrze spekulować.

Śmiać się płakać zmieniać maski
Kupić urząd i policję
Nie pić wódy i nie grzeszyć
Patrzeć w przyszłość śmiać i cieszyć.

Zakochani nie płaczą

Zakochać się i płakać to błąd
Kiedy zaczniesz może szlochać
To się nigdy nie zakochasz
Jak chcesz to płacz na pogrzebie.

Lepiej nawet na urzędzie
Płacz widziany mile będzie
Płacz ci szkodzi nawet rani
I wszystko się może pochrzanić.

Jeśli jesteś zakochany
Odwróć się i płacz do ściany
Albo tam gdzie nikt nie słyszy
Tylko nie przerywaj ciszy.

Lalka Barbie

Lalka Barbie się wkurzyła

Tyle lat królewną była
Nagle straciła koronę
Przez pomysły poronione.

Ktoś wpadł kiedyś na pomysła
Że Barbie nie może być sama
I dlatego piękna Barbie
Bardzo podenerwowana.

Proszę bardzo konkurencja
Nowe piękne dumne lale
Nasza Barbie to rozumie
A więc stara się jak umie.

Dryfujący statek

To już nie jest zwykła frajda
Fale biją tonie łajba
Ogromne wzburzone morze
Ludzie kryją się gdzie kto może.

Kto pomoże co to będzie
Kiedy sztorm się nie zatrzyma
Tak do końca nie wiadomo
Odpowiedzi żadnej nie ma.

Głupiec tym się nie przejmuje
Myśli co tam zjada wiśnie
Morze trochę się powścieka
Słońce wyjdzie wtedy wyschnie.

Złoty cielec

Za Mojżesza ludzi rzesza

Coś jeszcze

Ulepiła sobie Boga
Ze szczerego on był złota
Bardzo misterna robota.

Mojżesz zszedł z ogromnej góry
I popatrzył na to wszystko
I przeczytał przykazania
Nie podoba mu się wszystko.

A to było przy niedzieli
Patrzy gdzieś zginęło złoto
Wtedy wszyscy powiedzieli
Wkurzyło się i odeszło piechotą.

Gdzie się złoto zapodziało?
Mocno wkurzyło Mojżesza
Ten wyraził się w niedzielę
Czasu macie i niewiele
Jak się to złoto nie znajdzie
Ja Mojżesz was zap...

Do tej pory trwa szukanie
Nie zostało przedawnione
Cielec złoty nieźle pływał
I nawiał przez Morze Czerwone.

Era nowa

Dziś jest pierwszy dzień
Tygodnia i miesiąca
Zięć wygląda listonosza
I bezczelnie babcię trąca.

Bo teściowa dla zachęty

Zawsze coś odpali z renty
A wiadomo zięć w rodzinie
Stąd powstały sentymenty.

Wpadł listonosz wita babkę
Zięć rozpłakał się z radości
Pewnie dostał trochę więcej
Nie ulega wątpliwości.

Stary więzień

Wyszedł stary dziś z więzienia
I ogląda się na boki
Nagle słyszy jakiś szelest
I za sobą czyjeś kroki.

Więc ogląda się to żona
Jakaś dziwnie pomarszczona
Myśli to kolejna wpadka
To agent w przebraniu Tadka.

To nie żona to jest babka
Ale żeby tyle czekać
To dopiero jest nauczka
Zamiast dawno zejść ze świata
Uparcie czekała na wnuczka.

Ale w końcu się domyślił
Że to była jego żona
Tego więzień nie przewidział
Odbył karę lat sześćdziesiąt
I w lusterku się nie widział.

Kłamca

Kłamca kłamie a dlatego
Bo go prawda w oczy kole
W domu pracy na urzędzie
Myśli jakoś to tam będzie.

Ale wszystko się wydało
Raz niechcący dostał pałą
Więc kłamczuszek się załamał
Może już nie będzie kłamał.

Stać go na ostatni gest
Raz przestaje czasem kłuje
Nawet i mądrego kłamcę
Bo czasami to tak jest.

Pracowita pszczoła

Pszczoły nie mają urlopów
Ani przerwy na jedzenie
Pracują przez rok okrągły
A to ma duże znaczenie.

A uli jest coraz mniej na świecie
Coraz mniej też miodu
A mimo to świat pięknieje
Posuwa się ciągle do przodu.

A królowa pszczół się nie martwi
Tylko okiem często łypie
A jej to wcale nie przeszkadza
Kto wciąż cukier w ule sypie.

A niech sobie i sypie
Nic po tym kłopocie
I dlatego w tym przypadku
Nie grozi pszczołom bezrobocie.

Kara za

Nie mylić nagrody z karą
A strzelby z gitarą
Czasem lepiej zamilknąć
Nie mówić bez przerwy
To odmładza nasz umysł
I prostuje nerwy.

Zabronić się uśmiechać
Nie można nikomu
Płakać tak oficjalnie brzydko
A więc płakać w domu.

I na mięso z piekarnika
Nie spoglądać chciwie
Ale mnie również to dotyczy
Wcale się nikomu nie dziwię.

Czasem batalia o życie
Może się rozegrać
Plany się pokrzyżują
Czasem można przegrać.

Ale to co przepadło
Tego nie żałować
Pędzić z wiatrem do przodu
I żwawo dryfować.

Coś jeszcze

Ten żyje dłużej co nie pęka
I życia się nie boi
Pamiętaj że sam nie jesteś
Ktoś za tobą stoi.

Brzydkie słowa

A dlaczego to kolego
Tak wyrażasz brzydkie słowa
Tyle razy zwracam ci uwagę
A ty czynisz to od nowa?

Weź się w garść i kup sitko
Przesiej brzydkie zostaw ładne
Takie na przykład jak kocham
Pomogę ci jak upadniesz.

Upomniany aż się wzdrygnął
I pomyślał po kryjomu
Trzeba będzie ładnie ukraść
Później dobrze schować w domu.

Bardzo brzydko to by było
Tak po prostu za...
A gdy znajdą łupy w domu
Można nie zdążyć sp...

Problem ucznia Kuby

Zemdlał Kuba klasy chluba
Dzisiaj pani w piątej klasie
Jak zerknęła na dzieciaka
Rzekła   Kuba ty brudasie.

Stanisław Pysek Prusiński

Gdzie to dziecko było w nocy
W kieszeniach kamienie od procy
Cały błotem umazany
Gdzieś podziewał się kochany.?

Kuba się otrząsnął powstał
Nagłego olśnienia dostał
Zaraz pani się dostanie
Odpowiadam na pytanie.

Gdzie ja byłem tak walczyłem
I z pani mężem się biłem
Kiedy szedłem z biblioteki
On zaczepił mnie coś chrzanił.

To stuknąłem go w nasienie
Wystrzelałem te kamienie
On już stary a ja młody
Te kamienie to dowody.

A mąż pani nie był sam
Jeszcze jeden dowód mam
To są cztery obwarzanki
Kupił je dla swej kochanki.

Co nie mogła dobrze iść
Coś takiego jeszcze gryźć
To przesada proszę pani
Patrząc nie mogłem wytrzymać.

Że można takiego coś dorwać
A było to przy sobocie
Unurzaliśmy się w błocie
Jak mnie mama obejrzała

Coś jeszcze

To z chałupy mnie wygnała.

Kuba głupią minę zrobił
Tymi słowy panią dobił
I pani nagle zemdlała
A klasa to wszystko widziała.

Pani klasy tej nie uczy
Kuba w poprawczaku mruczy
A mąż pani po rozwodzie
Kręci lody gdzieś w przyrodzie.

Facet na froncie

Nie będę jadł tego co pies
I za kogoś łeb nadstawiał
Niech się teraz o to martwi
Ten co mnie do wojny namawiał.

Jestem tylko najemnikiem
I walczę tylko za kasę
Trzeba mi zapewnić żarcie
A nie ciągle ściskać pasem.

Ledwo gość zakończył skargę
Ziemią wielki wybuch targnął
Głośne jęki wrzawa głosy
Fruwają nogi urwane głowy i włosy
Rozstąpiły się niebiosy.

Uciekła odwaga i dusza
Gościu już się nie porusza
Nawet mu nie zadrga p...
Tak to zwykle bywa na froncie.

Katarynka

Kupiłem katarynkę
Małą lalkę mówiącą dziewczynkę
Bo żonę mam bardzo rozmowną
Przyjąłem postawę obronną.

Przychodzę na piątą godzinę
Włączam moją Katarzynę
Niech żona tak do niej pogada
A ja idę do sąsiada.

Ale dzisiaj się wrobiłem
Bo kiedy Kasię włączyłem
Nagle w maskę zarobiłem
Bo laleczka kłamała
A żona to usłyszała.

Jutro sprzedam katarynę
Muszę serce znów otworzyć
Bo gdy Katarzyna znów skłamie
Mogę niedzieli nie dożyć.

Przeprosiłem swą dziewczynę
Więc sprzedałem Katarzynę
A sprawy poszły do przodu
I nigdy nie będzie rozwodu.

Brzydkie wyrażenia

Są problemy z pismem mową
Nie jest tak wcale kolorowo
Co słownictwo w nas wyraża

Coś jeszcze

Słuchać tego głowa boli.

Ktoś tam kogoś op...
Ktoś poważny i z cywila
Może i nie taki głupi
Ale wyszło na debila.

A pomyłki się zdarzają
Ludzie często wyrażają
Swoje opinie brzydko i mylnie
A ja powiem ot i co.

Ja bym tu wprowadził O
O to znaczy proste zero
Zero zastąpił bym ch...
O przepraszam nie odwrotnie.

Zero mówisz zamiast urwał
Krótsze niż tam jakieś k..
Ani słychu ani widu
Zero nie przynosi wstydu.

O to się martwi niewielu
Gorzej jak zero w portfelu
Proszę przyjąć prostą radę
Dlatego to nacisk kładę.

Zero przed zero dołożyć
Zero plus zero z przodu jedynkę
Dołożyć jeden plus zero
O i wyszło razem sto.

Gdy dołożyć zwykłe O
To rachunek prosty jest

Stanisław Pysek Prusiński

I przez takie oto O
Mamy dolarów już sto.

Niech ch... i ch...
To się równa aż dwa zera
A procentu jeszcze jeden
Proszę takich działań więcej
To dorobisz się najwięcej.

Uwięziony ptak

Byłeś wolny jak ptak polny
Dzisiaj jesteś uwiązany
Przedtem mogłeś prawie wszystko
Gryźć kiełbasy pić szampany.

Teraz cicho siedzą milczą
Nieraz gęsto się tłumaczą
Przypadkowo dostać ścierką
I się liczyć z poniewierką.

A dlatego to zrobiłem
Bo się chłopcze ożeniłem
Szkoda wolność moja prysła
Strumień zniknął rządzi Wisła.

Serce i kardiolog

Problem w tym że takie serce
Kardiologa słuchać nie chce
Ten mu radzi jak najlepiej
Ono mu morały klepie.

Doktor rzecze   serce spokój

Coś jeszcze

Bardzo ważny w twoim życiu.
Serce co on tam nawija
Denerwuję się w ukryciu.

Doktor podał medycynę
Znalazł choroby przyczynę
Serce nie chce łykać proszka
Co tu począć Matko Boska.!

Kiedy jesteś w obcym kraju
Emigracji poniewierce
Dbaj o swoją własną żonę
Także o teściowej serce.

Słuchaj więc rady doktora
Dopóki jest na to pora
Gdy wybierzesz drogę inną
To będziesz dmuchał na zimno
I ostatnie to rozdanie
Nie to lecz serce ci stanie.

Wolność

Wolnym być to czuć się dobrze
Wszystko działać z prawem boskim
Nie kręcić nie kombinować
Z wolności nie trzeba żartować.

Wolność czasem można stracić
I za to gorzko zapłacić
Nie wolno się nigdy bać
Pracować dobrowolnie szybko
I rzetelnie i namiętnie
Oraz chętnie.

O wolności wielkie słowa
Tak jak duma narodowa
Wolne kraje strony państwa
Pozbawione oszukaństwa.

Wolna praca i kultura
Uczucie a może wybory
Jesteś wolny to bezpieczny
Mądry czujny i stateczny.

Muzyczna nowość

Różne nuty inne dźwięki
Akordeon daje sygnał
A wtóruje jemu trąba
To naprawdę niezła bomba.

Dołączyła się gitara
Trochę może nawet stara
I saksofon nie próżnuje
Waltornia też nieźle pompuje.

Bęben bębni głośno buczy
I pianino się odzywa
Skrzypce też dodały gazu
Fantastycznie i od razu.

Pan dyrygent rączki składa
Piękna na widownię wpada
Więc się kłania aż do ziemi
I podnosi w górę ręce.

O czym będzie w tej piosence

To jest właśnie tajemnicą
Wiem że jego wykonawcy
To na duże brawa liczą.

Jakoś to będzie

Co się martwić trzeba być
Więc normalnie trzeba żyć
A więc niczym się nie przejmować
W nocy spać a w dzień pracować.

Naprawiać ulepszać chatę
Do domu przynosić wypłatę
Nie chorować nie narzekać
Nie psioczyć i się nie wściekać.

Modlić się i spać pod kołdrą
Razem z żoną bardzo dobrą
Twarde spanie smaczne spanie
Zwykłe łoże to pomoże.

Da urodę wzmocni siły
Bo na twardym to posłaniu
Sny masz piękne i radosne
I rozmawiasz z aniołami.

Pachną kwiaty witasz wiosnę
I czuprynę też masz hardą
Więc opłaci się na twardo
Ale na miękkim posłaniu
To bywa całkiem odwrotnie.

Sny są dziwne historyczne
Jakieś wiersze rzeka kładka

Dziwne flądry czarownice
Zaczarowane dzielnice
Pracujesz tam bez wypłaty
Omijają cię rabaty.

Tylko jeden tu jest problem
Może to co powiem wyda się głupie
Czy na twardym czy na miękkim
To śpisz na tej samej d...

Boli

Jak zaboli to przestanie
Gdy przestanie to zaboli
Lepiej żeby już przestało
To by wtedy nie bolało.

Nie przestanie jak nie boli
Bolą nieraz części ciała
Zdarza jednak że w całości
Kiedy boli to jest przykro.

I pozbywasz się radości
Dziwną pozę twarz przybiera
Ale gorzej jak duch boli
Kiedy boli cię sumienie.

To wkurzona na to dusza
Posępnieje w oka mgnienie
Gdy tak duszę bardzo boli
To opuszcza osobnika.

Ten przestaje się poruszać
Nagle zamilkł i nie bryka

Coś jeszcze

I spokojny jest jak król
Co to może taki ból.

Wujek i ciocia

Wuj był dobry ciotka zła
A siostrzeniec kawał drania
Tak skarżyła się przypadkiem
W lesie mała miła Tania

Wuj był lwem a ciotka lwicą
A siostrzeńcem stary tygrys
Gdy się kiedyś chciał przywitać
To aż Tani twarzy wygryzł.

A więc z nim się nie spotyka
Woli w zamian ponarzekać
Bo to chociaż jest rodzina
Lecz trzeba przed nimi uciekać.

Wilk i owca

Wilk wpadł w nerwy gonił owcę
Ta ukryła się w jałowce
I gdzieś wkrótce zapodziała
Więc zabłądził wszedł w jałowce.

Idzie dalej na manowce
Taka słabość go napadła
Że go pierwsza dzika świnia
Tak po prostu w lesie zjadła.

Morał taki wilku bury
Kiedy idziesz na manowce

To się pilnuj wredna świnio
I zostaw w spokoju owcę.

Kasa

Portfel pusty a był gruby
Przykręcono wszystkie śruby
Bezrobocie jest na fali
Wszyscy bezpłatne pobrali.

Sroka skwierczy gdzieś na płocie
Wymyślili bezrobocie
Jej nie płacą choć się męczy
Dziesięć godzin nieraz skwierczy.

Pies zatrzymał się przy płocie
I jej odrzekł prosto jasno
Ty ptaku ciągle narzekasz
Wtedy ci zapłacą sroko
Kiedy się nauczysz szczekać.

Świnia i rzeka

Przepłynęła świnia rzekę
W jedną potem w drugą stronę
Teraz siedzi tu na plaży
I przygląda się czarnej wronie.

Skąd się tutaj wzięła wrona
Myśli świnia na tym słońcu
Rzekła w końcu
    Co Ty robisz głupia wrono
    Opalasz czarne na słońcu.

Coś jeszcze

Więc odpowiedziała wrona
Świnio cieszysz się i marzysz
Lecz gdy słońce tak przygrzeje
To niechybnie się usmażysz
Wtedy zamiast zwykłej dyni
Spróbuję smażonej świni.

Układy typowe

W tym wywiadzie o układzie
Najpierw o tym planetarnym
Księżyc planety i ziemia
Układają się jak trzeba.

Ale również i przyroda
Zwierzęta jak też i ludzie
Układają się wzajemnie
W pokoju śnie i trudzie.

Z przeznaczeniem i przyrodą
Pożerają się i modzą
Czasem nawet sobie szkodzą
Lecz na końcu to się godzą

Papiery

Glina to jest prapraprababka
Papirus to prapradziadek
Papier dziadek i ojciec
Komputer to syn.

Na papierze można pisać
To co tylko zechce pióro
Listy wiersze i powieści

A rysować można również
Wszystko papier nam pomieści.

Lecz od dawna bardzo ważny
Używany zawsze nowy
I niezbędny do użycia
Jest papier toaletowy.

Więc oszczędnie go używaj
Wykorzystaj z ręki palce
Papier jest jednorazowy
Proszę więc go nie prać w pralce.

Martwy koń

Koń się wkurzył zachorował
Bo rolnik ziemi dokupił
A dlatego że obroku ta sama miara
Koń widzi i nie jest głupi.

Koń więc poszedł na zwolnienie
Ale stracił zapomogę
Złamał nogę a to pech
Zbankrutował wkrótce zdechł.

Nie ma komu ciągnąć pługa
Głód zagląda do chałupy
To jest prawda żadne czary
Trzeba zmienić okulary.

Sygnalizacja świetlna

Wjechał było światło zielone
Zmieniło się na czerwone

Coś jeszcze

I żółte się pokazało i się stało
Jakby tego było mało.

To strzeliła jeszcze guma
I zaczęła się zaduma
Dwa miesiące i bez ruchu
Raz na plecach raz na brzuchu.

W końcu by wyreperować
Do jeżdżenia wózek dali
Już nie wjedzie na czerwonym
Nie zatrzyma się na zielonym.

A na żółtym nie ucieknie
I nie musi teraz czekać
Ma specjalne uprawnienia
Jak to czasem się pozmienia.

Rozmowa duchów

Cześć duchowny co u ciebie?
Nie za wcześnie wzięli ciebie?
Ty to tutaj nie pasujesz
Jeszcze kogoś poturbujesz.
To pomyłka młody duchu.

Młody duchu i co z tego
Co ty wiesz o mojej duszy
Tak to ja ci w tym pomogłem
Przejechałem cię na pasach.

Tu jest niebo to odżyjesz
Nie jest źle jakoś przeżyjesz
Dalej byś tam tyrał w lasach

I udawał bogatego.

Trzeci duszny się odzywa
Co tu słychać hej padalce
Jesteście tu dzięki mojej sprawie
To ja was przejechałem walcem
Jezdnia była taka śliska
Poznaję was po odciskach.

Ręce i robotnik

Proste robotnicze ręce
Prawdę mówię nic nie kręcę
Twarde bardzo spracowane
Pokłóciły się nad ranem.

Połamały się i palce
Bo dostały się pod walce
Przy tym je poraził prąd
Nie wiadomo jak i skąd.

Pan robotnik ręce stracił
Jeszcze będzie za to płacił
Stracił dłonie z winy swojej
Co to będzie aż się boję.

Porwane coś

Porwany został w jesienny poranek
Wrzucony na tak zwaną pakę
Razem z akwarium w środku leszcze
Były jeszcze.

Porywacze zrobili to bardzo nerwowo

Delikatnie nie do dołu głową
Okazać więcej miłości
Dla szczupaka ości.

Nikomu nigdy nic nie winien
Porwany dla okupu
Bez możliwości obrony
Musi zaczynać innej strony.

Bolączka monety

Bolączka za szmalem
To choroba ludzkości żywej
I tej sprawiedliwej i chciwej.

Objawia się w sklepie kościele
Warsztacie wszędzie powiadacie
Mówcie prawdę.

Za kasę można nabyć naboje
Proce przeciwlotnicze samoloty
I oglądać w pomieszczeniu zaloty.

Żeby ustrzec się bolączki
Trzeba zakasać rękawy
Albo być pastorem lub klepać kosę
I dmuchać na nogi bose.

Popyt na zdrowie

Wzrasta popyt na zdrowie
Każdy chce korzystać z medycyny
Szpitala pogotowia w obliczu zdrowia
Zdrowie za dolary euro i ruble.

Nie ma zdrowia za darmo jak ciebie napadną
Wydasz ile masz kupisz proszki i ziela
Zdrowy leży a chory ciężko pracuje bokami
Czasami.

Dłużnik i biała pani

Przybyła z samego rana
Na biało ubrana
Nie była zaproszona
Ani ciocia ani żona.

Dłużnik jak zwykle siedział
Spożywał śniadanie
Skąd więc się wzięła ta pani w bieli?
To trudne pytanie.

Zbieraj się drogi chłoptasiu
Rzekła biała dama
Dzisiaj jest wolna sobota
To pracuję sama.

Nigdzie odejść nie zamierzam
Rzekł dłużnik   mam długi
Jak ureguluję to mnie weźmiesz
Powtórzył raz drugi.

Biała pani postawiła krzyżyka
Małego w zeszycie
I napisała króciutko
Zakończone życie.

Poszedł więc dłużnik z białą panią

Przez pola i strugi
Zostały nigdy nie spłacone
Mianowicie długi.

Dobro i zło

Dobro ze złem walczy
A czasem przegrywa
Tak samo jest i w życiu
A więc różnie bywa.

Raz może asa zabraknie
Czasem winną damę
Życie jak wyobraźnia
Jest pokolorowane.

Nie udawaj koguta
Nie wstawaj o czwartej
Graj nie stosuj podstępów
I rozdawaj karty.

Uczciwie rozegrasz partię
Nie musisz się śpieszyć
Otrzymasz normalne karty
Będziesz wiele warty.

Znaczenia prochu

Z prochem nie można walczyć
Żeby go wkurzyć
Bo żeby z nim wygrać
Trzeba coś wyburzyć.

Ale już jak wyburzyć

To tak dla pożytku
Żeby przy tym nie stracić
A i nie dopłacić.

Kto się chce przekonać
O niszczycielskim działania prochu
Cóż w takim wypadku można by poradzić
Najlepiej jak chcesz to spróbuj
Tak po prostu się wysadzić.

Ręka pisarza
Ręką pisać żadna sztuka
Gorzej nogą ale ujdzie
Ale jak pisać oczyma
Co to z tego wyjdzie.

Ale kolejny problem
Bo bez pomocy oczu
Ręka pisze bzdury
I pisanie wychodzi
Daleko pod chmury.

Ale także zawracanie wzroczne
Skutki czyni marne
Można oczy bardzo popsuć
Zniszczyć linie papilarne.

Zamiast patrzeć starcze
Na sąsiada młodą żonę
Lepiej będzie jak odwrócisz
Głowę w drugą stronę.

Pilot do lądowania

Bezpieczniej będzie lądować i startować
Myśli zarząd spółki lotu
To trzeba za jednym razem wyszkolić dwóch pilotów
I trzeciego a dlaczego?

Pierwszy pilot do startu samolot podrywa
Drugi pilot gdy się wzniósł leci i pływa na wietrze
Trzeci pilot do lądowania samolot bezpiecznie ląduje
Dziękuję.

Nie obchodzi mnie

Nie obchodzi mnie ty wiesz
Zostań sobie tym czym chcesz
Chcesz być gliną proszę bardzo
Niechaj tobą wszyscy gardzą.

Chcesz złodziejem być to kradnij
Twoja sprawa chcesz to bądź
Chcesz być pastorem zbieraj tacę
Ale zawsze szanuj pracę.

Nic mnie przeto nie obchodzi
Że wiewiórka szybko chodzi
Że są ubrudzone świnie
Wszystko minie.

Możesz śmigać na piechotę
Nie korzystać z autobusu
Możesz nawet mocno się spocić
Biegać w jedną i z powrotem
Sam ze sobą z psem i kotem

Jeśli tylko masz ochotę.

Dobry urzędnik

Dobry urzędnik miły po prostu
Jest ogolony i najedzony
Dobry i prawy wszystkowiedzący
Po prostu uczciwy i nie szalony.

Sam sobie kawę niesie na tacy
Wcześniej niż wszyscy zjawia się w pracy
I lunch w niecałą godzinę zjada
Bo tak wypada.

Również w godzinach choć głowa boli
Zawsze jest grzeczny trochę się tacza
Bo to urzędnik od alkoholu
To jego praca.

Kościół i złodzieje

Kościół wymarł ludzie zwiali
Co się stało i wydarzyło
A dlatego że się w środku
Czterech mądrych pochwaliło.

Jak to więc się mogło stać
Pochwalili się miłością
I okradli cały kościół
A uciekli gdzie wiadomo
Lecz nie mówili nikomu.

Nikt nie widział ktoś coś słyszał
Może nawet i domyślał

I odnaleźć też jest sztuka
A jak dorwie się nieuka
To się frajer sam wykuka.

Rząd i ludzie

Ludzie są od biadolenia
A rządowi do rządzenia
System staje się ciekawy
Jak pogodzić wszystkie sprawy?

Bo jak rządzić to skutecznie
Prosto jasno i bezpiecznie
A biadolić też z umiarem
Nie narzekać na to co przeszło
I po kościach się rozeszło.

Każdy może się pomylić
Bo rządzenie to jest sztuka
Ktoś tam się oderwał z grupy
To wiadomo guza szuka.

Cena kapusty

Pewien sklepikarz się starał
I długo pracował
Nigdy nie oszukiwał
Dodawał odejmował.

Dorobił się troszeczkę
Kupił dom pod lasem
Nie wpłacał na procenty
W domu trzymał kasę.

W jednym sejfie pieniądze
A drugi stał pusty
Dla zmylenia do drugiego
Włożył główeczkę kapusty.

A którejś właśnie nocy złodzieje
Na dom jego napadli
I kto teraz odgadnie
Którą kasę skradli?

Czy tą z pieniędzmi czy kasę z kapustą?
Koń myślał zgadywał długo wiercił w zębie
Skąd koń może o tym wiedzieć
Kto tu pójdzie siedzieć?

Zamyślony król

Wyjechał król na łowy jak zawsze
W towarzystwie rycerzy i psów do ujadania
Tumult się zrobił na drodze
  Dawno temu to modne były polowania.

W lesie żadnej zwierzyny
Nic się nie poruszy
Król milczy nasłuchuje
Tylko zęby suszy.

Nagle przed królem
Stanęła stara baba jaga
Cała wygogolona i calutka naga
Znikła w nim odwaga.

I król się przestraszył
Zbielała mu gęba

Coś jeszcze

Koń pod nim stanął dęba
I się w gąszczu zaszył.

Nie wiedział król że w tym lesie
Były piękne łanie
Co taki król ma w głowie
Nic tylko strzelanie.

Zebranie wiejskie

Zebrali się mieszkańcy
Na zebranie wiejskie
Postanowiono zmienić prawo
Z wiejskiego na miejskie.

A wiadomo że w mieście
To babie czy prostemu chłopu
Przysługuje przynajmniej
Miesiąc płatnego urlopu.

I tak się właśnie stało
Prawo zadziałało
Kogut nie pieje już rano
A teraz w południe.

Krowa już min nie stroi
Lecz sama się doi
Pies w nocy nie szczeka
Złodzieja się boi.

Nikt nie sadzi ziemniaków
I nie sieje żyta
W szkole to nie nauczyciel
Teraz uczeń się pyta.

Koń nie ciągnie pługa
Bo jest na urlopie
Gdzie ci będzie lepiej
W mieście czy na wsi mój chłopie?

Gospodynie się udzielają
Opalają ciała
Nikt w barze w kolejce nie stoi po piwo
Samo się podaje
Nikt nie jest tutaj nerwowy
Wszystko się dostaje.

Ale zabrakło chleba
W mieście piece wygasili
Wszyscy wiarę w reformy
Nagle utracili.

Bo kto zmienia prawa
I ambicją szasta
To długo nie pociągnie
Skończy źle i basta.

Postęp

Zwabiono go podstępnie
Inaczej wymyślono
Wykonano jako gazem
Zabija za pierwszym razem.

I dlatego postęp zadziwia
Nie ożywia ale niszczy
Wydaje dźwięki i błyszczy
Coś tu chyba w trawie piszczy.

Coś jeszcze

Uczonemu się zmyliło
I pomyślał we złą stronę
Truje matkę ojca żonę
Podstępnie niewidocznie gazem.

Powinna być za to kara
Myślała ropucha stara
O porannym chłodzie
W zatrutej gazem wodzie.

Ustalenia

Ustalono że od dzisiaj dni nie będzie
Lecz same niedziele
Siedem niedziel w tygodniu
Czy to nie za wiele.

Wszystkie dni będą świętem
Co więc będzie z pracą
I tu kolejny problem
W niedzielę nie płacą.

A co tam może i nie płacą
Powiedzieć się ośmielę
Pastor może i też nie grzeszy
Pracując w niedzielę.

Ale dziękuję Bogu
Że ma taką pracę
Ale żeby przez siedem dni w tygodniu
Teraz co dzień zbierać tacę?

Trzeba jeszcze policzyć zebrane pieniądze

Stanisław Pysek Prusiński

Kto się tego dzieła podejmie
Kto taki odważny a może odważna
Przecież to może i nawet być suma pokaźna.

Kościelny też się zbuntował
Posmutniał i nabzdyczył
On codziennie takiej kasy
To nie będzie liczył.

Nie wiadomo jak to się stało
Trzeba znów pożyczyć
A żyć trzeba i się utrzymać
Nie ma na co liczyć.

A kasa jak się wydało
Uciekła przez szparki
Wzięły ją przypadkowo
Cztery pielęgniarki.

Bo się tak bardzo opiekowały
Biednym chorym pastorem
I dlatego znowu parafia
Wpadła w straszną gomorę.

Ale nie ma co się martwić
Wszystko się naprawi
Czy bardziej Pan Bóg kocha tego co daje
Czy tego co bierze?

Chciałbyś tak z własnej woli
Mój poczciwy chłopcze
Żebrać i zbierać pieniądze
Nie swoje lecz obce.

Podzielić kurze jajko

Jak podzielić kurze jajko
Myślał facet z dużą fajką
Takie kurze i nieduże
Stwarza zagrożenie duże.

Podzielone na nierówne
Pomyłkowo i bez reszty
Może wywołać falę strajków
A być może i protesty.

Myśli facet płonie fajka
To niechybnie wina jajka
A więc wnioski w mig wyciągnął
I ze środka wybrał wszystko.

Białko żółtko trochę wody
Wlał oleju i rzetelnie
Wrzucił jajko na patelnię
I patelnię oszacował.

A skorupkę wysmarował
Jajko teraz takie same.
Ale w środku nie ma środka.
To dzielenie takie głupie.

Skorupka się skryła w zupie
Trochę lżejsze ale całe
To w ogóle rzeczy nie zmienia
Jeszcze jest do podzielenia.

A co było w środku jajka
Wie tylko facet i fajka

Co jedzący zupę powie
Pewnie wezwie pogotowie.

Wakacje bez ubioru

Doszło do wielkiego sporu
O wakacje bez ubioru
Nie przystoi takiej pani
Kiedy wszyscy są ubrani.

Trzeba trochę mieć honoru
Żeby tak to bez ubioru
Gołym to być można w łóżku
Trzymać szminkę pod poduszką.

I zawrócić czymś tam w głowie
    Co pan powie?
    Kiedy słońce mocno parzy
    Co się latem często zdarza.

Wszyscy nadzy znaczy goli
I uśmiechów pełna plaża
Gość w kożuszku hop do wody
    Pan narobisz takiej szkody.

    Przez całe lata i święta
    Wszyscy będą to pamiętać
    Przyznam że ma pani rację
    Proszę jechać na wakacje

    Gdzieś tam na bezludną wyspę
    Niech się pani tam rozbierze
    I pokaże co tam trzymie
    Obojętnie czy na wiosnę

Coś jeszcze

Latem jesienią czy w zimie.

Niech pan nie gra tu wariata
Proszę zaraz mnie przeprosić
Ja mam już sto cztery lata
I nie będę dłużej znosić
Jestem aż przez pana chora
Już wezwałam adwokata
Pan zapłacisz za obrazę.

Ujdzie panu pierwszym razem
Zaraz trzasnę w pana gazem
A może użyję gana
Rzekła pani rozebrana.

I morał z tego wynika
Bo i o co to się spierać
Lepiej być mądrym na goło
Niż głupiemu się pomagać ubierać.

Wykrywacz kłamstw

Kłamstwo to odwrotność prawdy
A poza tym to nic takiego
To dlatego ten co kłamie
Punkt widzenia w tym temacie.

Może dotyczyć wszystkiego
A komputer proszę państwa
To coś do wykrycia kłamstwa
Stworzono jakby na rozkaz.

A może tylko na pokaz
W komputerze napisane

Porozmawiam sobie z panem
Sprawdzę czy pan mówi prawdę.

A może jednak nieprawdę
A kto wynalazł maszynę
To ten co zna tę dziedzinę
To specjalista od prawdy.

A może jest specem od kłamstwa
To już wszystko proszę państwa
Muszę skończyć już nawijać
Bo się zacznę z prawdą mijać.

Przebiegły los

Ale spotkał mnie ten los
To jest bardzo straszny cios
Tak popatrzeć na niebiosy
To od razu cztery ciosy.

Ktoś mi buchnął hulajnogę
Bo złamałem na niej nogę
Ale to jest dziwny układ
Ale o tym nie wiedziałem.

Najpierw ukradł hulajnogę
A ja później ją złamałem
A złamałem nie wiem nogę
Albo może hulajnogę.

Hulajnoga to jest noga
Pękła już nie hula noga
To jest prawda najprawdziwsza
Bo widziała to Urszula.

Coś jeszcze

Ze szpitala dziś wróciła
Bo się wczoraj urodziła.
Dziś kupiłem nowy rower
Nowiutki a w sklepie starym.

Dzwonek nowy światła kolorowe
Ale koła kwadratowe
Ale tylko go kupiłem
Jakaś pani mi go zabrała.

I podarowała córce
Pozwoliła na to mama
A dlatego bym nie kłamał
Bo bym na tym rowerzyku
Może nawet rękę złamał.

Na tej górce w zeszłą środę
Ktoś tak porozlewał wodę
Że się poskarżyła chmurce
A że i do rzeki blisko
Nagle się zrobiło ślisko
Był to lipiec czterdziesty pierwszy
Na saneczkach byłem pierwszy.

Wiem że jestem bardzo mądry
Piękny przystojny i młody
Ukończyłem wyższą szkołę
Polewania niezłej wody.

Mam dziewięćdziesiąt dwa lata
I jestem czterdzieści lat młodszy od brata
Proszę teraz zgadnąć o ile lat
Jest ode mnie młodszy tata.

Trend do spania

Przysłowie to mówi stare
Śpij normalnie i na miarę
Osiem godzin i kwita
Lecz jeśli się mnoży przez dwa
Czy to aby i coś da?

Żeby więc spanie polubić
A wiadomo wszystkim przecie
To jest proste w internecie
Jeśli chcesz więc pospać w dzień.

To płacisz tylko za jeden sen
Ale drugi masz już gratis
Gorzej w nocy wyższe ceny
Sny wojenne bardzo drogie.

Więc się przywiąż bo złamiesz nogę
Sen o barze stwarza kaca
A dla kobiet może paść
Można we śnie w ciążę zajść.

Obżartuch

Kto nie słyszał niech posłucha
To jest wina obżartucha
Zeżarł wszystko co do joty
I dlatego ma kłopoty.

Co teraz powiedzą goście
Tyle mięsa i to w poście
Gdzie to wszystko się pomieści
Samych jajek sto czterdzieści.

Połowa świnki trzy indyki
Polędwica i batony
W lodówce ryj świński i szaszłyki
Gdzie on nabył te nawyki.

On przyjechał z Ameryki
I dlatego tak się chwali
Bo wszystko co zeżarł tutaj
Tam to darmo mu dawali.

Ucieczka

Uciekł Kuba do Jakuba
Jakub od Michała
Ale w końcu ich dopadli
Sprawa się wydała.

Bo ten Michał to Jakuba
Pociągnął do zguby
A gdy Jakub chciał uciekać
Odkręcił mu śruby.

Ale Kubę lubił Jakub
Długo go zachęcał
Też zrozumiał że źle zrobił
I śruby ponakręcał.

Ale kiedy chciał przekręcać
To tak z wielką siłą
Lecz się w końcu okazało
Że tam śrub nie było.

Jeleń zając

Kiedyś jeleń sobie gnając
Po leśnych zakrętach
Patrzy a na drodze zając
Leży głośno stęka.

Myśli jeleń trzeba będzie
Zameldować w urzędzie
Że na drodze zając leży
Więc do miasta bieży.

I cytuję:
Dziś jak zwykle z rana gnając
Patrzę w górę leży zając
Chyba coś się jemu stało
Może go zamurowało
Pewnie to sprawa nagląca
Trzeba ratować zająca.

Wilk uśmiechnął się spojrzał drwiąco
Słysząc bajkę o zającu
I po chwili od niechcenia
Schrupał młodego jelenia.

Po co zatem gnać w nieznane
Szukać gdzieś daleko
Nie posiadać własnej krowy
Ale wypić mleko.

Koniec kropka

Koniec kropka i po krzyku
Nie uciekniesz silny byku

Bo toreador cię dopadnie
I dobiję długą tyką.

Byk wkurzony gna bez przerwy
Nagle mu puszczają nerwy
Zatrzymał się więc i usiadł
Będę biegł to i zabiją.

Nie broń się więc drogi byku
I się z tego śmiej
Pamiętaj że głupiemu
To jest umrzeć zawsze lżej.

Grawitacja

Tak się stało to sensacja
Nagle znikła grawitacja
I tak się zaczęło dziać
Co tu robić śpiewać czy spać?

Wszystko się poprzewracało
I poszybowało w górę
A trudności jest niemało
Zmieniło całą naturę.

Rzeki wzniosły się w powietrze
Deszcz do dołu przestał kropić
Ktoś się wkurzył i żyć nie chce
Ale jak tu się utopić?

I małżeństwa się rozpadną
Bo nie będzie przyciągania
Przyciąganie nie najlepsze
Wystąpią problemy z seksem.

Ale może się jednak odwróci
I do normalności wróci.

Zagubiona mrówka

Martwi się mała mróweczka
Aż jest płaczu bliska
Tak po prostu przypadkiem
Odeszła od mrowiska.

Zwróciła się mrówka do słonia
Bo rozumiał on niebogę
Dlatego obiecał jej pomóc
I znaleźć powrotną drogę.

Wszystko by się prawie udało
Ale głupio się skończyło
Słoń niechcący nadepnął w mrowisko
Oj było co było.

Coś jeszcze

Spis treści

Życie naprawdę	6
Bilans balans	6
Chcę do miasta	7
Plaga	7
Prokurator i więzień	8
Niewidomy i lustro	8
Dentysta leczy się sam	8
Mądre pytania rządowe	9
Prośba głupiego	9
Kto wynalazł świat?	10
Wojtuś i taty procenty	10
Hrabia i pies	10
Koszula i krawat	11
Wąż i wystawa	11
Kraj bez nazwy	12
Trener i teściowa	12
Koza i ciąża	12
Piorun i las	13
Granice bogactwa	13
Stary i czupryna	14
Wypadki	14
Życie na włosku	15
Życzenia z okazji	15
Leon żona i welon	16
Kielichy	16
Uczony kosmonauta	17
Pakować się	17
Straszenie dziecka	17
Kultura	18
Przestać żyć	18
Babcia agent	18
Złodziej i kryminał	19
Zdarzenie ze słoniem	19
Kłamać	19
Wysłuchaj mnie	20
Odznaczenie	20

Coś jeszcze

Cicho siedzę	21
Przeprosiny	21
Studnia i kamień	22
Los	22
Raj	22
Mądry i głupi sędzia	23
Choroba i maść	24
Ukryto asa	24
Wszędzie był	24
Próżnia	25
Atrakcje	25
Trasa życia	26
Nie dyskutuj	26
Gra mi w uszach	27
Luksus	27
Gra w zespole	28
Układy	28
Kropelka wodna	29
Problem zbója	29
Dlaczego dinozaury wyginęły?	30
Łysy fryzjer	30
Balladyna i Alina	31
Rajd samochodowy	32
Ogłoszenie	32
Sobowtór sędziego	33
Podziały	34
Naprawiać i psuć	34
Zaproszenie do tańca	35
Kapitan Klusek	36
Nagroda	36
Idą święta	37
Iskierka	38
Rzuć palenie	38
Wydębić fortunę	39
Bezsilność	39
Ciesz się	40
Elegancki świat	40
Zmuszony	41

Stanisław Pysek Prusiński

Kup mi mrowisko	41
Starał się tak	42
Przebudzenie pijaka	43
Wieś i miasto	43
Demokracja i racja	44
Nie upiekło się	45
Zając i kapusta	46
Pędrak	46
Dobitny polityk	47
Safanduła	47
Kogo boli	48
Wara od babki	48
Błędne koło	49
Sam	50
Wynika z	51
Pozory	51
Nic do picia	52
Ufo	52
Pomylone strony	52
Po której stronie	53
Obrażalski	53
Wymknęło się	54
Śmieszne	55
Samiec i samica	55
Mess	56
Mało i dużo	56
Smaki	57
Bez powietrza	58
Kleić glu	58
W środku	59
Zarzucać sobie	60
Koza i osioł	60
Koń pod pierzyną	61
Wszystko i nic	62
Zapomniał	63
Czym jest życie?	63
Szastał palmą	65
Mrówka	66

Coś jeszcze

Malarstwo w balecie	66
Być albo nie być	67
Wycofano	67
Rozhukany wiatr	68
Matoł	68
Urlop po francusku	69
Dosyć dosyć	69
Świeże powietrze	70
Modnemu lżej	71
Śmiać do siebie	71
Narobiło się	72
Podpadka gamonia	72
Walnie nie walnie	73
Smok	74
Na dobre i na złe	74
Początek i koniec	75
Życie na poważnie	76
Pomyłki	76
Na budowie	77
Nowy film	78
Nowe scenariusze	79
Dokładność	79
Szanse	80
Czas i zegarmistrz	81
Pozmieniało się	81
Istnieć rady	82
Bum	82
Sołtyska	83
Marzenia	84
Z szumem	84
Urojenia konia	85
Sabotaże	86
Mizerota	87
Satysfakcje	88
Solidny anioł	88
Samotność	90
Bieda	90
Został świętym	91

Sfrustrowany pacjent	95
Nietypowe uzębienie	95
Bolączka	96
Tak wypadło	96
Przymilanie	97
Alternatywa	97
Akordeon	98
Pies policjanta	99
Kara boska	100
Burta	100
Zostać świętym i kiedy	101
Bimba	101
Zieleń i jeleń	102
Zawiedziona czarownica	103
Komentarze duszy	104
Chłop i zając	104
Obrażalski	105
Szaleństwa	106
A na rencie	106
Zmieniony	107
Droga do ?	108
Zmokłe ryby	108
Kicia	109
Alkohole i benzyna	110
Wojna o g...	110
Zamroczenie	111
Strajk krowi	112
Stracił zęby	114
Miało i nie miało	115
Teatr bez widza	116
Zdjęcie z kurą	116
Kto jest kto?	117
Oficer i Pliszka	118
Działania	119
Ja	120
Rachunki	120
Na luzie	121
Wykrzyczał i ozłocił się	122

Coś jeszcze

Pst	122
Terapia	122
Mój jestem	123
Koń z papierosem	124
Lepiej	124
Brawurowi nietypowi	125
Nogi w butach	126
Czas na sprzedaż	127
Naga prawda	127
Alibi	128
Spis treści	128
Basta	129
Polityczna debata	130
Nie umarł	131
Dość	131
Podatki na 2018 rok	132
Działanie i skutki reklam	134
Bieda na urlopie	135
Jak ciemno to	136
Solówka	137
Rola pola	137
Podpalenie	138
Beczka	139
Pas i tyłek	139
Namiętliło	140
Bezbożnik	141
Tragedia i strategia	141
Lody	143
Przeceny z przeceny	143
Dasz nie dasz	144
Zabronić czegoś	145
Bryczka i koń	146
Różnica w Mikołajach	146
Gwoździe	147
Pokolenie Mateuszowe	148
Przyciąganie	148
Dziwna ryba	149
Gimnastyka	150

Z pustego w pełne	150
Śmierdzi pachnie	151
W roli adwokata	152
Sytuacje	152
Bill	153
Koń i osioł	153
Historia dramatu	154
Piekło w piekle	155
Sądny dzień	155
Głupia sprawa	156
Skutki braku zębów	157
Bąk i pszczoła	157
Przykry telefon	158
Desperat	158
Dopiął swego	159
Przypadek z głową	159
Koń i fraszka Pyska	160
Służąca złu	161
Brzydkie wyrazy	161
Medale i odznaczenia	163
Na Bronia	163
Romeon i Luljan	164
Majątek	165
Zguba wiśniówka	166
Wynalazek pomysł	168
Zrobić jaja	169
Burdy	170
Fachowo	170
Świnia na drabinie	171
Bać się czy nie bać	172
Sala pełna bólu	172
Bzykanie	173
Wkurzony widz	174
Płuca	174
Sina dal	175
Próżnia	176
Niewierny śpioch	177
Odchyły	177

Coś jeszcze

Spór o piekło	178
Proszenie pani	179
Zakrop	179
Niesłychanie	180
Szyny w górze	181
Spojrzeć w oczy	181
Koń na łyżwach	182
List Ewy	183
Skok na kasę	184
Senne marzenia	184
Tydzień od tyłu	185
Gość i kładka	186
Piaskiem po oczach	187
Księżyc i Leon	188
O liderze	188
Cztery strony	189
Zeus i Cezar	190
Braki pokraki	190
Za co żyć	191
Boli	192
Nieświadomie	192
Wyspa	194
Coś o absurdzie	195
Dobry cesarz	195
Kłopoty Ambasadora Franze Rudolfa	196
W kostiumie	198
Jeż i tygrys	199
Światło i ciemność	199
Nic za darmo	200
Koza	201
Izabella i poligon	202
Małżeństwo	202
Noga i but	203
Kartofle kontra ziemniaki	203
Leser	204
Wrzask	204
Zeus	205
Prawica lewica	206

Pocałuj	206
Próbuj	206
Pogaduszki	207
Sny kosztują	208
Chłopak i lody	209
Myśliwy	209
Lekarz i teściowa	210
Obok siebie	211
Zatroskany ojciec	211
Remont	212
Odchudzić się to	213
Lata budowy	213
Rybak i ryba	214
Wstyd	215
Pożyczam oddaje	216
Koń gryzoń	216
Babcia i proszek	217
Spowiedź dziadka	217
Rakieta	218
Wojna i banany	219
Twierdzenie	219
Janek i dwója	220
Lizus	221
Wirus polityczny	221
Sarna i wilk	222
Spalone ognisko	223
Diagnoza	223
Mama detektyw	224
Rozstali się na goło	225
Podatek od oddychania	226
Przyznaj się	227
Działania uboczne	228
Kabała	228
Kostka	229
Desant	229
Spawać	230
Zomo	231
Niegrzeczny miś	232

Coś jeszcze

Babka niewidoma	233
Wózek i koń	233
Obrok i koń	234
Strzelba i proch	234
Godzina i minuta	235
Bandyta i jubiler	235
Teściowa i zięć na roli	236
Zbój i huśtawka	237
Chory obłożnie	237
Woda i ogień	238
Specjalista od wodnego dymu	238
Spalony ogień	239
Kręcona woda	240
Anioł i łysy	241
Niewidomy niewidoczny	242
Bal na zimno	242
Malarz bez farby	243
Sąsiad i samochód	244
Mocarz	245
Upiekło mu się	246
Pedał z gazu	246
Hrabini i łódka	247
Spadł z nieba	247
Malował księżyc	248
Urzędnik ze skarbówki	249
Wada sąsiada	250
Tadek i zadek	250
Zapłata	251
Organy i człowiek	252
Krowa i owca	252
Kasa i kłopoty	253
Uczony i przyjemność	253
Błędne koło	254
Mózgi na sprzedaż	255
Koniec z boksem	256
Słońce i ludzie	256
Okradziony	257
Bohater i odwaga	257

Chłopak i dziewczyna	258
Ryzyko zachorowania	258
Wyrok i nieżywy	259
Rysunek na wodzie	260
Nie płacz po alkoholu	260
Ginekolog w ciąży	261
Odezwa do narodu	261
Słońce uciekło	262
Bez paliwa	263
Atak	263
Widok do góry	264
Zginęło czego nie było	264
Zmieniona trasa	265
Ukradli złodzieja	265
Teściowa zięć i wampir	266
W obronie teściowej	267
Kot i myszka	267
Zabłąkana kukułka	268
Pijany koziołek	268
Katoliczka	269
Więzień głuchy	270
Alkohole niszczą	270
Kajtek	271
Teściowa i śmiech	271
Teściowa i ryba	272
Wisielec	273
Kreska zamożności	273
Misio i spokój	274
Zegar po alkoholu	274
Granica wytrzymałości	276
Mój kabaret	276
Zakochani nie płaczą	277
Lalka Barbie	277
Dryfujący statek	278
Złoty cielec	278
Era nowa	279
Stary więzień	280
Kłamca	281

Coś jeszcze

Pracowita pszczoła	281
Kara za	282
Brzydkie słowa	283
Problem ucznia Kuby	283
Facet na froncie	285
Katarynka	286
Brzydkie wyrażenia	286
Uwięziony ptak	288
Serce i kardiolog	288
Wolność	289
Muzyczna nowość	290
Jakoś to będzie	291
Boli	292
Wujek i ciocia	293
Wilk i owca	293
Kasa	294
Świnia i rzeka	294
Układy typowe	295
Papiery	295
Martwy koń	296
Sygnalizacja świetlna	296
Rozmowa duchów	297
Ręce i robotnik	298
Porwane coś	298
Bolączka monety	299
Popyt na zdrowie	299
Dłużnik i biała pani	300
Dobro i zło	301
Znaczenia prochu	301
Ręka pisarza	302
Pilot do lądowania	303
Nie obchodzi mnie	303
Dobry urzędnik	304
Kościół i złodzieje	304
Rząd i ludzie	305
Cena kapusty	305
Zamyślony król	306
Zebranie wiejskie	307

Stanisław Pysek Prusiński

Postęp	308
Ustalenia	309
Podzielić kurze jajko	311
Wakacje bez ubioru	312
Wykrywacz kłamstw	313
Przebiegły los	314
Trend do spania	316
Obżartuch	316
Ucieczka	317
Jeleń zając	318
Koniec kropka	318
Grawitacja	319
Zagubiona mrówka	320

www.ingramcontent.com/pod-product-compliance
Lightning Source LLC
Chambersburg PA
CBHW071952070526
44583CB00015B/1158